Lithographien und Reisetagebuch von David Roberts

DAS HEILIGE LAND

GESTERN UND HEUTE

KARL MÜLLER VERLAG

Yaffa, ancient Joppa.
David Roberts R.A.

Isle of Graie. Gulf of Akabah — Arabia Petraea. Feby 27th 1839

David Roberts R.A.

Ruins of the Eastern Portico of the Temple of Baalbec
May 6th 1839 David Roberts R.A.

Lithographien und Reisetagebuch von David Roberts

DAS HEILIGE LAND
GESTERN UND HEUTE

INHALT

Der Verleger dankt für die Unterstützung zur Realisierung dieses Bandes:
Dr. Shefer, Fremdenverkehrsbüro Israel;
Oded Ben-Hut, Botschaftsrat für Kultur und Wissenschaft der Botschaft von Israel in Rom.

Besonderer Dank gilt:
Eliana Sachat, Maria Luisa Gurgo, Davide Silvera.

Text: Fabio Bourbon

Fotografien: Antonio Attini

Grafiken: Patrizia Balocco Lovisetti

Übersetzung aus dem Italienischen: Annette Matheus

ISBN 3-86070-549-0

5 4 3 2 1 97 98 99 00 01

2-3 Jaffa, Ansicht von Süden.

4-5 Ile de Graye, Golf von Akaba (Elat).

6-7 Baalbek, Ausschnitt vom östlichen Torbogen.

8-9 Damaskustor.

Einleitung

David Roberts war nicht nur ein ausgesprochen begabter Künstler mit ausdrucksstarker Originalität, sondern unbestritten auch eine große Persönlichkeit. Der in den Außenvierteln von Edinburgh zur Welt gekommene Sohn einer in ärmlichen Verhältnissen lebenden Familie verstand es, sich aus den Fesseln seiner bescheidenen Herkunft zu befreien: Ihm wurden Würdigungen aller Art zuteil, und er erlangte Weltruhm. Seine bewundernswerten Ansichten der Fori Imperiali in Rom oder der gotischen Kathedralen in Spanien, die eindrucksvollen monumentalen Detailansichten der Pharaonentempel im Niltal wie auch die seiner Heimat Schottland gewidmeten Zeichnungen sind dem Kunstexperten ebenso vertraut wie dem Liebhaber schöner Dinge, der auch ohne akademische Vorbildung intuitiv Roberts' Linienführung zu würdigen weiß. Der Eindruck einer großartigen Komposition, den jede Darstellung vermittelt, die unverwechselbare bildliche Detailtreue, die auch das bescheidenste Motiv veredelt - so finden sich in diesem Band auch Darstellungen einfacher Frauen und Männer aus dem Volk - haben die Menschen ihrer Zeit überzeugt, auch die weniger gebildeten. Kaum verwunderlich also, wenn auch in diesem Jahrhundert Reproduktionen seines umfangreichen Werkes für die unterschiedlichsten Zwecke bestimmt sind: Roberts' Werke begegnen uns in der Standard-Reiseliteratur ebenso wie auf den Hochglanz-Werbeplakaten der Fremdenverkehrsbüros. Bereits zu Lebzeiten wurde der Künstler von privaten Mäzenen gefördert, und das Interesse der Kunstsammler an seinen Werken ist bis heute stetig und konstant gewachsen. Selbst die Fachkritik, die noch in den ersten Jahrzehnten des 20. Jahrhunderts aus unerfindlichen Gründen abfällig über ihn geurteilt und ihm allenfalls zugestanden hatte, ein begabter Handwerker zu sein, hat ihn in jüngster Zeit wieder als Meister der englischen Romantik des 19. Jahrhunderts aufgewertet. Auch wenn sein vielfältiges Werk die unterschiedlichsten Bildmotive umfaßte, sind es vor allem die Lithographien über den Nahen Osten, denen David Roberts seine heutige Berühmtheit verdankt. Besonders die während seiner bemerkenswerten Wanderung durch das Heilige Land inspirierten Werke, die dem Künstler schon damals zu euphorischer und anhaltender Wertschätzung verhalfen, gelten heute als Meisterwerke, welche die Moden der Zeit überdauert haben. Der vorliegende Band enthält einhundertdreiundzwanzig Lithographien von Zeichnungen, die Roberts auf seiner langen Reise von der Halbinsel Sinai bis nach Jerusalem und von dort zur einzigartigen Stadt Baalbek angefertigt hat. Die Abbildungen in Großformat sind der ersten dreibändigen Ausgabe entnommen, die zwischen 1842 und 1849 von Francis Graham Moon unter dem Originaltitel "The Holy Land, Syria, Idumea, Egypt, Nubia" veröffentlicht wurde und die heute im Victoria and Albert Museum in London aufbewahrt wird. Aus naheliegenden verlegerischen Gründen wurden die Abschnitte über Ägypten und Nubien ausgespart. Als wichtigstes Novum dieser Veröffentlichung kann unseres Erachtens die erstmalige Präsentation der Lithographien in rein chronologischer Reihenfolge gelten von der Ankunft in Suez am 10. Februar 1839 bis zur Abreise von Baalbek am 8. Mai 1839. Nicht unproblematisch war in diesem Zusammenhang die Datierung der einzelnen Darstellungen und die entsprechende Anordnung im vorliegenden Band. Die bislang vorliegenden Neuauflagen haben ausnahmslos dem rein ästhetischen Gesichtspunkt des künstlerischen Werkes den Vorrang gegeben, auf Kosten einer korrekten zeitlichen und räumlichen Zuordnung. Die Darstellungen wurden jeweils nach recht subjektiven Kriterien zusammengestellt: einmal nach geographischen Gesichtspunkten, einmal thematisch, oder sogar nach rein ästhetischen und farblichen Aspekten. Roberts selbst hat sich um solche Fragen nicht weiter gekümmert. Dabei ist zu berücksichtigen, daß sich die Veröffentlichung über acht Jahre hinzog, was zu nicht wenigen "Versehen" führen mußte. Die Probleme der Datierung liegen auch darin begründet, daß ein Teil der Lithographien - die vom belgischen Graveur Louis Haghe nach den von Roberts in situ angefertigten Skizzen erstellt wurden - keine Datierung aufweist, während andere falsche Angaben enthalten. Abbildung Nr. 48 dieser Ausgabe trägt beispielsweise die Bildunterschrift "19. April 1841",

Dieses Porträt, das David Roberts in orientalischer Kleidung zeigt, wurde 1840 von Robert Scott Launder gemalt. (Die Reproduktion wurde freundlicherweise von der "Scottish National Portrait Gallery genehmigt).

was nicht zutreffen kann, da Roberts zu diesem Zeitpunkt schon seit Monaten wieder in London weilte. In manchen Fällen können derartige Fehler durch ein Versehen des Künstlers entstanden sein, bisweilen sind sie Louis Haghe zuzuschreiben, der - und diese Annahme erscheint uns schlüssig - der Versuchung nicht widerstehen konnte, die eigenen Platten auch durch solche Zeitangaben zu "vervollständigen", die Roberts' Angaben in seinem Reisetagebuch eindeutig widersprechen. Daß die Bildtafeln durch mehrere Hände gegangen sind, ist unseres Erachtens aus zwei Gründen wahrscheinlich: Zum einen scheint sich der Schriftzug der Bildunterschrift in einigen Tafeln von den übrigen zu unterscheiden, zum anderen hat Haghe in bestimmten Fällen seine Signatur neben die von Roberts gesetzt (vgl. Frontispiz des ersten Kapitels sowie die Abbildungen Nr. 26, Nr. 30 und Nr. 35). Desweiteren haben wir die Reiseroute Roberts in drei Abschnitte unterteilt, die auf der nebenstehenden Karte in unterschiedlichen Farben markiert sind und denen jeweils ein eigenes Kapitel gewidmet ist. Jedes Kapitel beginnt denn auch mit einem der Originalfrontispize der ersten Ausgabe, also mit Darstellungen von Petra, Jerusalem und Baalbek, die zu den bezauberndsten Stätten gehören, die Roberts besichtigt hat. Unserer Ansicht nach hat der Künstler die Reise von Suez nach Jerusalem, einschließlich der Erkundung der mythischen Hauptstadt der Nabatäer, dann den Besuch der Heiligen Stadt mit dem Abstieg zum Jordan und schließlich den Weg von Jerusalem zur antiken Heliopolis als drei getrennte Reisephasen erlebt. Außerdem war die erste Ausgabe tatsächlich in drei Bände gegliedert: Es war unsere Absicht, mit unserer chronokalischen Zuordnung inhaltliche Zusammenhänge neu zu erschließen. Allerdings müssen wir darauf hinweisen, daß die von Roberts herausgegebene Originalausgabe mit den Lithographien über Jerusalem begann und auch nicht das Reisetagebuch, das berühmte "Journal", enthielt, das sich für uns als so wertvoll erwiesen hat. Mit dessen Hilfe war es möglich, die zahlreichen chronologischen Lücken zu schließen: Das Ergebnis ist eine Bildfolge, die den tatsächlich von Roberts erlebten Reiseeindrücken soweit wie möglich nahekommt. Auch wenn wir uns nicht sklavisch an der Vorlage orientiert haben, meinen wir zumindest, der außergewöhnlichen Unternehmung des Künstlers jene "Lesbarkeit" gegeben zu haben, an der es bislang mangelte. In diesem Sinn ist auch die Entscheidung zu verstehen, jede Bildtafel mit gezielten historischen und landeskundlichen Kommentaren zu versehen. Gleichzeitig wollten wir, wo sich dies anbot, die vom Künstler referierten Ereignisse "romanhaft" wiedergeben. Um philologisch-stilistischen Interessen Rechnung zu tragen, haben wir eine Reihe von Abbildungen mit aussagekräftigen Textstellen aus dem Reisetagebuch Roberts' versehen, an denen seine Fähigkeit zur Synthese und zur Beschreibung deutlich wird. Wie der Leser feststellen wird, handeln die überwiegend historischen Ausführungen zu den vom Künstler besichtigten Stätten und Denkmälern stärker von der Vergangenheit denn von der Gegenwart. Das ist eine bewußte Entscheidung, denn der vorliegende Band versteht sich als ein Buch über einen Reisenden des 19. Jahrhunderts und nicht als ein Kompendium des modernen Nahen Ostens. Ein Brückenschlag zwischen der Welt von gestern und der von heute gelingt mit den glänzenden Fotografien von Antonio Attini, einem jungen Reporter, der sich getreu an Roberts' Vorgaben gehalten und für jede Lithographie eine Aufnahme aus vergleichbarer Perspektive ausgewählt hat. Die ungewöhnliche Koexistenz dieser unterschiedlichen Techniken verdeutlicht die unaufhaltsamen Veränderungen unserer Zivilisation. Die Fotografien, deren Qualität und Professionalität nicht eigens hervorgehoben werden müssen, wurden nicht kommentiert. Der Betrachter möge sich sein eigenes Urteil bilden; er wird auch über ausreichend Phantasie verfügen, um sich eine moderne Reise in jene Landschaft vorzustellen, die gewiß zu den bezauberndsten und in mancher Beziehung zu den geheimnisvollsten Regionen der Welt gehört. Doch nach so vielen Worten lassen wir die Bilder sprechen.

Fabio Bourbon

Auf der Karte, die ebenfalls in der ersten gedruckten Ausgabe von Graham Moon veröffentlicht wurde, ist die von David Roberts verfolgte Reiseroute eingezeichnet. Die drei Farben entsprechen den Kapiteln des vorliegenden Bandes.

London. Published by F. G. Moon, 20 Threadneedle Street

VERZEICHNIS DER ABBILDUNGEN

DIE EXPEDITION VON ROBERTS INS HEILIGE LAND WURDE VON ZAHLREICHEN PERSÖNLICHKEITEN UNTERSTÜTZT. EINE REIHE DER IN DER ORIGINALAUSGABE GENANNTEN NAMEN WIRD IM FOLGENDEN AUFGELISTET:

HER ROYAL HIGHNESS THE QUEEN.
HER MAJESTY ADELAIDE, THE QUEEN DOW AGER.
HIS IMPERIAL MAJESTY THE EMPEROR OF ALL THE RUSSIAS.
HIS IMPERIAL MAJESTY THE EMPEROR OF AUSTRIA.
HIS MAJESTY THE KING OF FRANCE.
HIS MAJESTY THE KING OF PRUSSIA.
HIS MAJESTY THE KING OF BAVARIA.
HIS HIGHNESS MEHEMET ALI, PASHA OF EGYPT.
HIS GRACE THE LORD ARCHBISHOP OF CANTERBURY.
HIS GRACE THE LORD ARCHBISHOP OF YORK.
THE RIGHT HONOURABLE LORD WHARNCLIFFE, LORD PRESIDENT OF THE COUNCIL
HIS SERENE HIGHNESS PRINCE ESTERHAZE.
HIS GRACE THE DUKE OF WELLINGTON, CHANCELLOR OF THE UNIVERSITY OF OXFORD.
HIS GRACE THE DUKE OF NORTHUMBERLAND, CHANCELLOR OF THE UNIVERSITY OF CAMBRIDGE.
THE RIGHT HONOURABLE SIR ROBERT PEEL, BART:, M.P., FIRST LORD OF THE TREASURY.
THE HONOURABLE THE EAST INDIA COMPANY.

DAS LEBEN VON DAVID ROBERTS

David Roberts wurde am 24. Oktober 1796 in Stockbridge nahe bei Edinburgh als Sohn eines Schusters geboren. Auch wenn er in eher ärmlichen sozialen Verhältnissen aufgewachsen ist, trat seine angeborene künstlerische Begabung früh zutage, ermuntert von seiner Mutter, die ihm viel von ihrer Geburtsstadt, St. Andrew, erzählte, wo sich die Reste der einst berühmten Kathedrale und der bekannten Klosteranlage finden. Von bunten Plakaten eines Wanderzirkus inspiriert, begann der kleine David mit roter Kreide die Wände in der Küche des Hauses mit Tierdarstellungen und anderen Figuren zu bemalen. Seine Neugierde für fremde Länder entwickelte sich immer stärker, und seine spätere Abenteuerlust erhielt schon in dieser Zeit Nahrung. Schon als Kind hatte er alle Burgen oder Ruinen der Umgebung aus den verschiedensten Blickwinkeln gezeichnet. Die ärmlichen finanziellen Verhältnisse, in denen die Familie lebte, verhinderten eine gediegene künstlerische Ausbildung. Immerhin absolvierte er eine siebenjährige Lehre bei einem ortsansässigen Dekorateur namens Gale Beugo, an den die Familie vom Direktor der "Trustees Academy" von Edinburgh verwiesen worden war. Höchstwahrscheinlich war dieser Handwerker, ein strenger und autoritärer Mensch, der einzige, der dem jungen Roberts einige Grundbegriffe des Zeichnens vermittelte. Im Grunde aber blieb er als Künstler immer ein brillanter Autodidakt. In dieser Zeit spielt eine kuriose Anekdote, die sein angeborenes Talent zum Künstler bestätigt. Beugo hatte seinem Lehrling einen Geldschein im Wert von einem Pfund Sterling anvertraut, um damit einen Lieferanten zu bezahlen. Dieser war jedoch nicht zuhause und während Roberts wartete, verblieb ihm genügend Zeit, um jenen Geldschein, den er noch nie zuvor in Händen gehalten hatte, perfekt zu kopieren. Als die Mutter einige Zeit später die Zeichnungen ihres Sohnes ordnete, entdeckte sie die Kopie des Geldscheins. Voller Schrecken dachte sie, einen Dieb großgezogen zu haben, doch klärte sich das Mißverständnis bald auf.
Im Jahr 1815 zog Roberts nach Perth, wo er seiner ersten bezahlten Beschäftigung als Dekorateur nachging.
Nach seiner Rückkehr nach Edinburgh im Alter von neunzehn Jahren fand er Arbeit als Assistent des Bühnenbildners in einem kleinen zweitklassigen Theater, dem "Pantheon". Später schrieb er, diese Tätigkeit habe seinen Neigungen in hohem Maße entsprochen, da er seine Phantasie durch die Berührung mit der faszinierenden Welt des Theaters in ferne Länder schweifen lassen konnte. Nachdem er bei der Aufführung von "Ali Baba und die vierzig Räuber" mitgewirkt hatte, schien ihm Bagdad mit seinen Minaretten und verzauberten Nächten ganz vertraut.
Zu diesem Zeitpunkt deutete nichts auf seine späteren Reisen in den Orient hin. Im Jahr 1819 wurde er beim "Theatre Royal" von Glasgow als Maler eingestellt, und später übernahm er diese Funktion beim "Theatre Royal" von Edinburgh. Roberts heiratete Margaret McLachlan im Jahr 1820, doch schon bald stellte sich heraus, daß es keine glückliche Ehe war, und die beiden trennten sich einige Jahre später wieder. Dennoch war der Künstler stets ein treusorgender Vater für die einzige Tochter, Christine, zu der er ein liebevolles Verhältnis hatte. Auch sie stand ihm nahe und sollte in reifen Jahren sein Werk neu ordnen und seine Reisetagebücher abschreiben. In den letzten Monaten des Jahres 1821 war Roberts bereits so bekannt, daß er mit seinem Freund Clarkson Stanfield beim "Drury Lane Theatre" verpflichtet wurde.
Im Jahre 1824 wurde sein erstes Ölgemälde, eine Detailansicht von Dryburgh, in der "British Institution" ausgestellt; zwei Jahre später wechselte Roberts zum "Covent Garden". In dieser Zeit wurde eine "Ansicht der Kathedrale von Rouen" von der "Royal Academy" der Öffentlichkeit zugänglich gemacht, und seine Werke fanden erstmals die Zustimmung der Kritik, die besonders die feine und großartige Komposition der Bilder lobte. Auch in der "Times" erschien eine knappe Würdigung. Unterdessen war Roberts in der Stiftung der "Society of British Artists" tätig, die ihn 1831 zum Präsidenten wählte. Auch wenn er in zunehmendem Maße für private Mäzene Auftragsarbeiten ausführte, blieb Roberts in den jungen Jahren seiner Karriere als

David Roberts, wie er in der ersten Ausgabe von "The Holy Land" abgebildet ist.

Künstler genügend Zeit für Reisen in Europa, von denen er viele Skizzen mitbrachte. Diese Skizzen dienten ihm als Vorlagen für seine Gemälde. Über den Ansichten von Stätten in Frankreich, Deutschland und den Niederlanden vergaß er nicht sein Heimatland, und während der häufigen Besuche bei seinen Eltern besichtigte er die wichtigsten schottischen Baudenkmäler, die ihn zu einigen seiner bekanntesten Zeichnungen inspirierten.
Das Ergebnis dieser Erkundungen war unter anderem eine eindrucksvolle Reihe von Kupferstichen, die nach der ersten Ausgabe leider nie wieder aufgelegt wurden. Durch die wachsende Zustimmung der Öffentlichkeit ermuntert, gab Roberts die Beschäftigung als Bühnenbildner mit der Zeit auf und konzentrierte sich auf das Studium der Malerei. Auf Anraten seines Freundes Wilkie beschloß er 1832, nach Spanien, einem damals noch wenig entdeckten Land, zu reisen. Auf dieser Spanienreise sollte sich seine künstlerische Kreativität voll entfalten. Bevor er England verließ, beendete er im Auftrag von Sir Bulwer Lytton eine Reihe von Zeichnungen mit dem Titel "Pilgrims of the Rhine".
Im Verlauf seiner fast zweijährigen Reise lernte Roberts beinahe alle bedeutenden spanischen Städte kennen, von Madrid bis Toledo, von Granada bis Malaga, von Sevilla bis Gibraltar. In der Zwischenzeit zeichnete er unermüdlich Ruinen und Baudenkmäler aus den verschiedensten Epochen; sein besonderes Interesse galt der maurischen Kunst und dem einheimischen gotischen Stil mit seiner reichen floralen Ornamentik. Im Jahr 1837 wurde eine Auswahl dieser Ansichten unter dem Titel "Picturesque Sketches of Spain" veröffentlicht. Nach rund zwei Monaten waren über eintausendzweihundert Exemplare verkauft. Dieser Erfolg hätte dem Künstler ein kleines Vermögen eingebracht, wäre er nicht von seinem Verleger betrogen worden. Roberts wurde 1838 in die Royal Academy aufgenommen; gleichzeitig war er damit beschäftigt, einen Jugendtraum zu verwirklichen. Mit Hilfe des Geldes, das er nach der Spanienreise beiseite gelegt hatte, plante er nun, die Schauplätze der Bibel aufzusuchen. Besonders diese Reise sollte ihn berühmt machen und seinen Namen der Nachwelt erhalten. Lange schon hatte er alle Nachrichten über Sitten und Bräuche, die politische und gesellschaftliche Lage in Ägypten, Palästina und Syrien sorgfältig gesammelt. (Syrien umschloß damals das weitläufige Gebiet zwischen dem Mittelmeer und dem Euphrat, zwischen Kleinasien im Norden und der arabischen Halbinsel und Ägypten im Süden).
Dank einflußreicher Freunde erhielt er vom Außenministerium einige Empfehlungsschreiben an die Generalkonsuln von Ägypten und Syrien. Nachdem er im August 1838 nach Paris aufgebrochen war, setzte er seine Reise entlang dem Rhône-Tal bis nach Marseille fort, wo er am 11. September eintraf; dort schiffte er

sich auf einem Dampfer ein, der ihn direkt nach Civitavecchia führte. In seinem als "David Roberts's Journal" berühmt gewordenen Reisetagebuch drückte er sein Bedauern darüber aus, sich in unmittelbarer Nähe von Rom zu befinden, ohne diese Stadt besichtigen zu können. Sechs Tage später war er in Malta, dann im Archipel der Kykladen, und Ende September erreichte er schließlich den Hafen von Alexandria. Drei Monate lang fuhr er an Bord eines gecharterten Schiffes den Nil flußaufwärts; dabei konnte er die wichtigsten archäologischen Stätten der Region besichtigen und gelangte bis nach Nubien und Abu Simbel. Gegen Ende seiner Erkundungsreise verlor er das gesamte bis dahin gezeichnete Material, kam jedoch auf ebenso abenteuerliche Weise wieder in dessen Besitz. Am 21. Dezember erreichte Roberts mit über hundert Zeichnungen und Gemälden Kairo. Während eines mehrwöchigen Aufenthalts in der ägyptischen Hauptstadt war er einer der ersten Europäer, der einen Fuß in eine Moschee setzte und von deren Innerem Zeichnungen erstellte. Dieses Privileg wurde ihm allerdings nur unter der Bedingung eingeräumt, keine Pinsel aus Schweineborsten zu verwenden. In Kairo lernte Roberts Hanafee Ismail Effendi kennen, einen jungen Ägypter, der zum Christentum konvertiert war und fließend Englisch sprach. Dieser begleitete ihn auf seiner gesamten abenteuerlichen Reise. Zur gleichen Zeit traf er auch zwei englische Reisende, John Pell und John Kinnear (letzterer verfaßte einen Reisebericht unter dem Titel "Cairo, Petra and Idumea"). Im Februar 1839 beschlossen sie, die Wüste bis Suez zu durchqueren, um Sinai zu erreichen, die legendäre Stadt Petra und schließlich Palästina. Roberts trennte sich in Gaza von Kinnear, um in Richtung Jerusalem zu reisen, wo er Ostern eintraf. Nachdem er das Jordantal und alle bedeutenden Orte der Umgebung besichtigt hatte, setzte er seinen Weg in Richtung Norden fort, gelangte bis zum Galiläischen Meer und zu den bedeutenden Städten an der libanesischen Küste. In Baalbek befiel ihn ein hartnäckiges Fieber, das ihn an der Weiterreise nach Palmyra hinderte und zur Rückreise nach Beirut zwang, von wo aus er sich am 13. Mai 1839 nach England einschiffte. Nachdem er nach elfmonatiger Abwesenheit in seine Heimat zurückgekehrt war, legte er das Ergebnis seiner intensiven Arbeit zahlreichen Verlegern vor. Bei Francis Graham Moon stieß er schließlich auf das gewünschte Interesse. Dieser bot ihm dreitausend Pfund Sterling für die Veröffentlichung des Werkes und die Überwachung der gesamten

In den Jahren nach der Veröffentlichung von "The Holy Land" erlebte David Roberts einen zunehmenden Erfolg bei der Fachkritik und in der Öffentlichkeit. Zahlreiche Privatleute, die von den biblischen Motiven oder den außergewöhnlichen Ansichten von archäologischen Stätten mit einem "exotischen" Beigeschmack fasziniert waren, gaben bei ihm Gemälde in Auftrag, die von den Lithographien nachgezeichnet waren. Zu den berühmtesten Auftraggebern zählten die Königin Viktoria, die Gräfin von Warwick und zahlreiche andere führende Vertreter des britischen Adels und gehobenen Bürgertums.

künstlerischen Realisation. Die Lithographien in den drei Bänden "The Holy Land, Syria, Idumea, Egypt, Nubia" wurden zwischen 1842 und 1849 von dem vierunddreißigjährigen Künstler belgischer Herkunft, Louis Haghe, anhand der Skizzen und unter der Ägide von Roberts angefertigt. Die Zusammenarbeit war sehr ergiebig und für die Zukunft vielversprechend. Außerordentlich aufwendig war die Technik des jungen Graveurs, der jeden einzelnen Druck zweifarbig realisierte und erst dann mit der Hand ausmalte. Der Gewinn für Roberts zahlte sich vor allem in Ruhm und Anerkennung aus, denn die Entlohnung von dreitausend Pfund war gemessen an der enormen Arbeitsleistung und den auf der Reise erlittenen Strapazen eher dürftig. Zwei Jahre nach seiner Rückkehr in die Heimat wurde David Roberts Vollmitglied in der Royal Academy. In den beiden nachfolgenden Jahrzehnten besuchte der Künstler mehrfach zahlreiche europäische Länder, wo er Anregungen fand für Gemälde und Gravuren, die mit großem Erfolg in den wichtigsten Galerien in England und im Ausland ausgestellt wurden.

Im Verlauf seiner langen Karriere erhielt er begehrte Anerkennungen und Preise. Die bemerkenswerteste Auszeichnung erhielt er auf der Pariser Weltausstellung im Jahr 1855. Fünf Jahre später arbeitete er an einer Reihe von Ölgemälden, die die Themse zum Motiv hatten. Bei vielen seiner letzten Bilder handelte es sich um Auftragsarbeiten; andere wurden gleich nach ihrer Fertigstellung verkauft. Roberts konnte in diesen Jahren ein bequemes Leben führen. Von seinen Freunden geliebt und von der Kritik geachtet, starb David Roberts am 25. November 1864 im Alter von achtundsechzig Jahren an Herzversagen und wurde auf dem Friedhof von Norwood beigesetzt.

Die hier wiedergegebenen Tuschskizzen (die Tyrus, die Geburtskirche in Bethlehem, Sidon, Jerusalem vom Ölberg und Baalbek darstellen) enthielten kurze Notizen mit Angaben über besondere Merkmale, Größe und Preis eines jeden Gemäldes: Eine solche "Karteikarte" legte Roberts für jedes Werk an.

Seite 22-23: Ansicht von Jerusalem vom Ölberg.

Seite 24-25 Ansicht des Klosters Mar Saba.

VON SUEZ NACH JERUSALEM

11. Februar-28. März 1839

David Roberts. R. A

HOLY LAND,

Syria, Idumea, Arabia, Egypt, & Nubia.

FROM DRAWINGS MADE ON THE SPOT BY

David Roberts. R.A.

WITH HISTORICAL DESCRIPTIONS, BY

THE REVD GEORGE CROLY. L.L.D.

LITHOGRAPHED BY

L O U I S H A G H E .

VOL. 3.

Excavated Temple at Petra
called El Khasneh, or the Treasury

David Roberts R.A.
L. Haghe, Lith.

LONDON, F. G. MOON, 20 THREADNEEDLE STREET,
PUBLISHER IN ORDINARY TO HER MAJESTY,
MDCCCXLIX.

Ankunft in Suez

Abbildung 1

10. Februar 1839

Nachdem David Roberts am 31. August 1838 in London aufgebrochen war und Frankreich, Italien, Malta und die griechischen Inseln hinter sich gelassen hatte, erreichte er am 24. September Alexandria in Ägypten. Dort begann seine lange Erkundungsreise durch das Niltal, auf der er die bedeutendsten Denkmäler der Pharaonen zeichnete. Nach seiner Rückkehr nach Kairo am 21. Dezember, in den ersten Tagen des darauffolgenden Jahres, beschloß er, nach Syrien weiterzureisen sowie Jerusalem und das Heilige Land zu besichtigen. Bereits am 21. Januar hatte er Absprachen getroffen, damit ihm einige Kamele und die notwendige Ausrüstung bereitgestellt würden. Am selben Tag jedoch ereilte ihn die Nachricht, daß in Judäa eine Pestepidemie wütete und um Jerusalem eine sanitäre Schutzzone eingerichtet worden war. Der enttäuschte Engländer beschloß, die Entwicklung der Lage abzuwarten und traf unterdessen weitere Vorbereitungen für das neue Abenteuer. Eine Woche später erfuhr er, daß er endlich aufbrechen konnte. Am 29. erhielt er von Oberst Campbell, dem Generalkonsul von England in Kairo, zwei Empfehlungsschreiben für die Konsuln von Jerusalem und Damaskus sowie einen vom Pascha persönlich unterzeichneten Passierschein, der ihm im Bedarfsfall allerorts den Schutz eines Militärtrupps zusicherte. Unterdessen hatte Roberts seine Pläne zum Teil geändert und Absprachen mit zwei weiteren englischen Reisenden, John Pell und John Kinnear, getroffen, die auf den Spuren des Moses Palästina erreichen wollten: Von Suez nach Akaba über den Sinai, dann flußabwärts durch das El Ghor-Tal bis nach Petra und von dort weiter nach Hebron.

Die drei Europäer faßten den Entschluß, die ortsüblichen Gewänder zu tragen, die im heißen Wüstenklima sehr praktisch waren. Roberts hatte sich abermals vorgenommen, einige Moscheen zu besichtigen und sah sich daher gezwungen, seine wulstigen Koteletten erheblich zu stutzen.

Die Karawane bestand aus einundzwanzig Kamelen und wurde von fast ebensovielen bewaffneten Beduinen begleitet. Das Gepäck umfaßte einige Zelte, Decken, Lebensmittel, Waffen und Munition in entsprechender Menge. Die Gruppe verließ am 7. Februar Kairo und war drei Tage später in Sichthöhe von Suez und dem Roten Meer, nachdem sie über eine lange Strecke einem Weg gefolgt waren, den lediglich eine Spur von Tierasche markierte.

Das umliegende Gebiet war eine von der Sonne versengte Wüste, ohne Baum und Strauch.

Die Stadt ragte bis ins Meer, und ein Mauerring schützte den ins Hinterland reichenden Stadtteil. Auf der dem Golf abgewandten Seite reflektierten die Berge des Sinai im klaren Kontrast zum tiefen Blau der stillen Wasseroberfläche die Sonnenstrahlen, die sie in eine rote Feuersbrunst eintauchten.

Aus dem Tagebuch von David Roberts:

7. Februar - Wir haben Kairo verlassen, um in Richtung der Berge Sinai zu reisen, und haben in der Wüste geschlafen.
8. und 9. Februar - Auf unserem Weg, am Abend des 9. überraschte uns ein heftiges Gewitter, und bevor wir unsere Zelte aufschlagen konnten, war alles in Unordnung geraten.

Suez

Abbildung 2

10. Februar 1839

Roberts war begeistert vom malerischen Suez und fand die eigentümliche Form der Boote im Hafen besonders bemerkenswert. Die Stadt, die sich an der Stelle des alten Kozum erhob, hatte bereits vor Urzeiten als Tor vom Mittelmeer zum Roten Meer Bedeutung.
Vom ursprünglichen Glanz war jedoch nur noch ein bescheidenes Dorf übriggeblieben, als die Engländer im Einvernehmen mit dem Pascha von Ägypten ständige Handelsbeziehungen zwischen ihrem Mutterland und den orientalischen Kolonien über den Isthmus vereinbarten. Suez entwickelte sich damit zum Anlegeplatz für Dampfer aus Bombay und sogar aus China.
In kurzer Zeit erlangte es große Bedeutung, die freilich durch den Bau des Suezkanals noch gesteigert werden sollte. Die ersten Versuche, den Isthmus zu erschließen, reichen bis in die Pharaonenzeit zurück und die Verbindung wurde, wenn auch nicht direkt, so doch über einen Nebenfluß des Nils bis nach Kairo und dann über einen künstlichen Kanal von Kairo bis nach Suez geschaffen. Diese Passage wurde bereits unter Traian genutzt und kurze Zeit auch unter arabischer Herrschaft. Ein erster Plan für eine direkte Verbindung wurde im 16. Jahrhundert von Venedig entwickelt. Venedig wollte den Handel von Mittel- und Ostasien in den Mittelmeerraum lenken, doch alle nur denkbaren Schwierigkeiten stellten sich einer Realisierung dieses Plans in den Weg. Mit der Durchführung wurde erst auf der Grundlage von Untersuchungen begonnen, die Napoleon veranlaßt hatte.
Diese Vorarbeiten wurden durch Kriegswirren unterbrochen und im Jahr 1833 unter der Ägide von Mohammed Alì wiederaufgenommen, der trotz einer grundsätzlichen Befürwortung dieses Vorhabens die Realisierung immer wieder hinauszögerte. Im November 1846 wurde die "Société d'Etudes du Canal de Suez" gegründet, deren Arbeiten sich unter Leitung des Italieners Luigi Negrelli mit wechselnden Erfolgen bis 1854 hinzogen. Jahre später wurde eine "Universalgesellschaft für den Suezkanal" gegründet, die Ferdinand de Lesseps als Direktor leitete: Mit den eigentlichen Grabungsarbeiten wurde im April 1859 begonnen; der Bau zog sich über zehn Jahre hin. Feierlich eingeweiht wurde der Kanal am 17. November 1869 in Präsenz von Eugenia, Kaiserin von Frankreich. Zu diesem Anlaß komponierte Giuseppe Verdi bekanntermaßen "Aida".

Aus dem Tagebuch von David Roberts:

10. Februar, Sonntag - Suez ist malerisch. Ich habe einige Skizzen gezeichnet; ich habe merkwürdig geformte Boote gesehen und ein klares, reines Meer.

David Roberts R.A

Arabischer Brauch

Abbildung 3

11.-12. Februar 1839

Roberts begann seine Reise ins Heilige Land am Morgen des 11. Februar, nachdem er ein unangenehmes Mißverständnis mit seinen arabischen Begleitern ausgeräumt hatte. Der Engländer hatte nämlich entdeckt, daß die großen Weizenvorräte, die die Kamele als Lasten trugen, nicht - wie er zunächst angenommen hatte - für ihre Verpflegung bestimmt waren, sondern den unterwegs begegneten Stämmen zur Aussaat überlassen werden sollten, da die Ernte des vorangegangenen Jahres äußerst dürftig ausgefallen war. Wenige Stunden nach dem Aufbruch von Suez wurde die Karawane von einem so heftigen Sandsturm überrascht, daß Roberts und seine Begleiter in der Mittagszeit ihre Zelte aufschlagen mußten, um darin Zuflucht zu finden.
Der darauffolgende Tag war dagegen herrlich; der Weg führte an der Küste entlang, während sich in der Ferne eine mächtige Bergkette abzeichnete. Es war genau der Ort, an dem sich das Rote Meer geteilt hatte, um Moses und die Israeliten durchziehen zu lassen und die Verfolger unter sich zu begraben. Die Wegstrecke barg keine Überraschungen, und Roberts hatte Gelegenheit, das Treiben um sich herum ruhig zu beobachten. Von den Arabern, die die Gruppe hinter ihm bildeten, war ein gewisser Besharah vom Stamm des Beni Sa'id, der ihn bis Akaba begleiten sollte, zweifellos die bemerkenswerteste Persönlichkeit: entschlossen, von aufgeweckter Intelligenz. Von außerordentlicher Bedeutung ist die zeichnerische Darstellung vor allem deshalb, weil Besharah in originalgetreuer Kleidung wiedergegeben ist. Wie alle in der Wüste lebenden Araber trägt der Mann einen schweren Wollmantel über einem Hemdkleid, das in der Taille von einem Ledergürtel zusammengefaßt wird. Die Beine sind bedeckt, an den Füßen trägt er einfache Sandalen. Der Turban verweist auf seinen hohen Rang, da die übliche Kopfbedeckung aus einem Stück Leinen besteht, das durch einen Reif aus Kordel oder gewundenem Stoff zusammengehalten wird. Diese einfache, aber bequeme Kleidung wird durch den unverzichtbaren Krummsäbel und eine Pulverbüchse vervollständigt.

Arabs of the Tribe of the Benisaid. Feby 17th 1839.

Der Mosesbrunnen

Abbildung 4

Am Nachmittag des 12. Februar erreichte die Karawane die sogenannten "Mosesbrunnen". Dabei handelt es sich um eine Gruppe von Quellen, auf die kaum erkennbar ein paar kümmerliche Palmen hinweisen und die nach der biblischen Überlieferung die Stelle kennzeichnen, an der die Israeliten nach dem wundersamen Durchzug durch das Rote Meer die Küste erreichten. Die Zahl der Wasseradern fällt je nach Jahreszeit unterschiedlich aus und kann von mindestens sieben bis höchstens fünfzehn reichen; auch der Wasserstand schwankt beträchtlich. Manchmal sind die Wasseradern so angefüllt, daß sich für kurze Zeit Rinnsale bilden, während sie andere Male fast völlig ausgetrocknet sind.
Das Wasser hat, sofern trinkbar, einen wenig einladenden salzigen Geschmack und ist nur in der glutigen Wüste genießbar. In der Nähe der Oasen deuten einige Scherben und Mauerreste darauf hin, daß dort im Altertum ein kleines Dorf angesiedelt war.
Eyun Mousa, so heißt der Ort in arabischer Sprache, ist die einzige Quelle in dieser Gegend, und lange Zeit war es auch das einzige bebaute Land in diesem Teil des Golfes von Suez. Wie Roberts am gleichen Abend seinem Reisetagebuch anvertraute, war er trotz des faszinierenden Schauspiels, das die um das Feuer versammelten Beduinen ihm darboten, nach dreißig Kilometern Ritt auf dem Kamelrücken zu erschöpft, um etwas zu zeichnen.

Aus dem Tagebuch von David Roberts:

12. Februar - In zwei Stunden haben wir die insgesamt fünfzehn Mosesquellen erreicht. Sie sind umsäumt von kümmerlichen Palmen, und ihr Wasser ist nicht süß, sondern bitter...

12. Februar 1839

Aus dem Tagebuch von David Roberts:

13. Februar - Der Weg führt noch an der Küste des Roten Meeres entlang; die Berge sind trotz ihrer Kargheit pittoresk.
14. Februar - Wir verlassen die Küste und bewegen uns in Richtung Berge, von denen ich heute eine Farbskizze angefertigt habe.

Blick auf den Berg Sinai

Abbildung 5

13.-14. Februar 1839

Bei Sonnenaufgang wurden die Zelte abgebrochen, und die Karawane nahm ihren Weg auf, der am Golf von Suez entlangführte durch eine völlig karge Landschaft, die jedoch ihren besonderen Reiz hatte. Der Tag des 13. verstrich ohne besondere Vorkommnisse; um vier Uhr nachmittags wurden die Zelte in der Nähe einer Quelle, im Wadi Howara, aufgeschlagen. Auch am folgenden Tag wurde die stille Eintönigkeit der Reise durch nichts gestört: Eine Tasse Kaffee gleich nach dem Aufwachen, zwei

Stunden Ritt und die übliche Rast zum Gebet in Richtung Mekka, wovon sich die arabischen Begleiter des Engländers nie abhalten ließen. Zum Mittagessen wurden die Reste des Vorabends verspeist und ein paar Schluck Wasser aus den Feldflaschen getrunken.

In diesem Zusammenhang merkte Roberts mit einer gewissen Verwunderung an, dieses genügsame Mahl mit einer Empfindung der Freude zu sich genommen zu haben, wie seit seiner Kindheit nicht mehr.

Bei Sonnenuntergang wurde das Zeltlager in der Oase von Marah errichtet, deren frisches Wasser in der Hitze dankbar aufgenommen wurde. Am Horizont zeichneten sich bereits die ersten Ausläufer des Berg Sinai ab: Ein unvorhersehbares, majestätisches Schauspiel, in dem die Natur alleine regiert und als einzige Zeugnis ablegt über mehrere Tausend Jahre Geschichte.

Auch wenn hier die Meinung von Historikern und Archäologen auseinandergeht, wird der Sinai mit dem biblischen Auszug aus Ägypten, der israelitischen Wanderschaft und den Gesetzestafeln, die Gott Moses übergab, in Verbindung gebracht. "Die ganze Gemeinde der Israeliten brach von Elim auf und kam in die Wüste Sin, die zwischen Elim und dem Sinai liegt. Es war der fünfzehnte Tag des zweiten Monats nach ihrem Auszug aus Ägypten" (Exodus, 16,1). Der Sinai war jedoch nicht nur der Ort der Bibel, sondern steht vor allem für eines der wichtigsten Ereignisse seit Menschengedenken: Ein in einem politeistischen Umfeld geborenes und groß gewordenes Volk empfängt die Gesetze eines einzigen Gottes.

DER TEMPEL VON DJEBEL GARABE

Abbildung 6

15.-16. Februar 1839

Der 15. Februar war bestimmt durch einen einzigen anstrengenden Ritt von fünfzehn Stunden durch die wilde Ödlandschaft des Sinai: Die Gegend war so einsam, daß Roberts und seine Begleiter lediglich zwei Wanderern auf dem Weg nach Ägypten begegneten, obwohl sie bereits seit fünf Tagen unterwegs waren. Der Weg führte immer weiter ins Landesinnere, und am folgenden Tag vor dem Aufstieg auf den Berg namens Djebel Garabe schickten die arabischen Führer die Kamele mit den Zelten voraus, die während der Exkursion nur gestört hätten. antiken ägyptischen Tempel zu stoßen, der noch gut erhalten war. Die Wände waren bedeckt mit zahlreichen Hieroglypheninschriften, königlichen Schriftrollen und symbolischen Darstellungen. Inmitten der Ruinen standen etwa fünfzehn große unzerstörte Stelen neben solchen, die rings herum verstreut in Trümmern lagen. Solche Kunstdenkmäler waren als Heiligtümer bedeutsam. Bei dieser Anlage scheint es sich um eine vielleicht Hathor geweihte Pilgerstätte gehandelt zu haben. Diese Annahme wird durch die Funde einiger Kapitelle gestützt, die die Züge der Guten Göttin,

Der Pfad folgte zunächst dem Lauf eines seit kurzem ausgetrockneten Flußbettes, dessen Ufer eine außergewöhnliche Blumenpracht zierte. Der Weg führte dann über bizzar geformte und gefärbte Felsformationen und wand sich schließlich empor zum höchsten Punkt der kargen Anhöhe. Hier hatte Roberts das Glück auf einen Herrin der Schönheit und der Musik, wiedergeben. In der nebenstehenden Darstellung ist im Vordergrund eines der Kapitelle gut zu erkennen. Auf dem Architrav ist hingegen die geflügelte Sonnenscheibe auszumachen, ein Symbol des Gottes Horus, das häufig in ägyptischen Tempeln zu finden ist.

Aus dem Tagebuch von David Roberts:

15. Februar - Ich habe drei Skizzen gezeichnet und bin fünfzehn Stunden durch die Wüste Sinai gereist, in der die Juden dazu verdammt waren, vierzig Jahre umherzuziehen...
16. Februar - Nach einem beschwerlichen Aufstieg haben wir den Berggipfel erreicht; zu meiner Überraschung haben wir statt Felsen einen gut erhaltenen ägyptischen Tempel vorgefunden... Davon habe ich eine Skizze erstellt und unsere Entdeckung genossen.

Zeltlager unter dem Berg Serbal

Abbildung 7

17. Februar 1839

Der Berg Sinai taucht am 17. Februar plötzlich in seiner ganzen Pracht vor unseren Augen auf. Der Weg begann steiler und beschwerlicher zu werden, und an jenem Abend machten Roberts und seine Begleiter in der Nähe eines arabischen Zeltlagers Halt. Es war das erste, auf das sie bis dahin gestoßen waren. Rings um die Zelte weideten ungestört Ziegen und Schafe.
Die Neuankömmlinge wurden vom Stamm Aulad Sa'id freundlich empfangen, dessen Gebiet sich über die umliegende Region erstreckte und dessen Männer sich seit vielen Jahrhunderten als Beschützer des Katharinenklosters bezeichneten. Zu Ehren der Gäste wurde ein Zicklein geschlachtet, und bald darauf waren die Diener des Engländers damit beschäftigt, dieses über dem Lagerfeuer zu braten. Im ganzen Lager, in dessen Mitte die Zelte der Expedition zu grell erschienen im Vergleich zu den einfachen Unterkünften der Beduinen, war große Ruhe eingekehrt trotz der verschiedensten, eifrig erledigten Arbeiten: Einige Frauen waren damit beschäftigt, Weizen zu mahlen, während andere Brot backten, Scharen von Jungen trieben die Herde zusammen, um sie hinter die Absperrung zu führen.
Der Mond begann unterdessen, seine lange Bahn am Horizont zu beschreiben. Der Stamm Aulad Sa'id hatte sich am Fuße des Berges Serbal, einem überwältigenden Massiv aus rotem Granit, niedergelassen, der keinerlei Vegetation aufwies und den einige Gelehrte für den in der Bibel genannten Mosesberg hielten. Die Tatsache, daß dies der erste große Berg ist, den man vom Golf von Suez kommend erblickt, seine isolierte Lage und sein majestätisch bedrohliches Aussehen verleiteten zur Annahme, daß dieser und nicht der Djebel Musa der Fels sei, auf dem Moses von Gott die Gesetzestafeln erhalten habe: Diese Streitfrage ist noch offen und wird wohl nie endgültig geklärt werden - wie könnte sie auch.

Aus dem Tagebuch von David Roberts:

17. Februar - Der Berg Sinai tauchte plötzlich vor unseren Augen in seiner ganzen Pracht auf; zum erstenmal sind wir auf ein arabisches Zeltlager gestoßen, das von Ziegen- und Schafherden umgeben ist.

Der Aufstieg zum Katharinenkloster

Abbildung 8

18. Februar 1839

Um die Mittagszeit verließ die Karawane das arabische Zeltlager in Richtung Katharinenkloster. Mit fortschreitender Stunde wurde die Strecke zunehmend unwegsam und der Aufstieg immer mühseliger. Der Pfad, den man einst nach allen Regeln der Kunst angelegt hatte, war nunmehr durch zahlreiche Steinschläge beschädigt; er schlängelte sich an den Felswänden entlang, die steil in eine düstere, öd anmutende Schlucht abfielen. Das Schauspiel der Bergspitzen, eingetaucht ins Licht der untergehenden Sonne, das einen krassen Gegensatz zu den tiefen Talwegen bildete, deutete auf die rasch hereinbrechende Nacht hin, und es wurde finster, bevor das Kloster in Sicht war. Der Untergrund des Weges hatte sich gelöst, der an vielen Stellen durch herabgefallenen Felsschutt versperrt war. Für das spärliche Grüppchen der vor Müdigkeit betäubten Reisenden wurde es mit jedem Tritt gefährlicher, sich den Weg durch die vielen Steinhaufen zu bahnen - bis sie endlich das Gemäuer des Katharinenklosters direkt vor sich sahen. Binnen kurzem konnte die Karawane die Mönche auf sich aufmerksam machen. Nachdem diese sich nach der Identität des Engländers und seines Gefolges erkundigt hatten, zündeten sie mehrere Fackeln an, um die Umgebung zu beleuchten. Dann ließen sie von einem sehr hohen Schilderhaus ein Seil herunter.

Aus dem Tagebuch von David Roberts:

18. Februar - Der Prior des Klosters hat uns sehr freundlich empfangen. Uns wurden Reissuppe und getrocknete Datteln gereicht; kein Pilger hat bisher fester geschlafen als ich unter dem Dach der uns beherbergenden Mönche des Katharinenklosters auf dem Berg Sinai.

Das Katharinenkloster

Abbildung 9

19. Februar 1839

In den Viten des Patriarchen von Alexandreia, Eutychios, der im 9. Jahrhundert gelebt hat, ist das Katharinenkloster erstmals belegt. Darin heißt es, daß Helena, die Mutter Kaiser Konstantins, auf ihrer Pilgerreise zu den heiligen Stätten der Bibel nach Sinai kam und die genaue Stelle auskundschaftete, an der Moses der Brennende Dornbusch erschienen war. Die Kaiserin ließ dort eine der Gottesmutter geweihte kleine Kapelle errichten, in deren Umgebung sich alsbald eine Klostergemeinschaft bildete.
In den nachfolgenden Jahren war das Kloster durch zahlreiche Schenkungen zu Reichtum gelangt, was dazu führte, daß häufig Wüstenbanden in das Kloster eindrangen. Im Jahr 530 ordnete Kaiser Justinian die Errichtung einer riesigen Basilika an, aus der später die Verklärungsbasilika wurde.
Um das Kloster vor weiteren Angriffen zu schützen, ließ Justinian rings um die Anlage eine regelrechte Festung errichten.
Nach der arabischen Eroberung von Ägypten im Jahr 640 war das Kloster das letzte Bollwerk des Christentums in einer sich ausweitenden islamischen Welt, dessen Mönche mit einer Urkunde, von der heute noch eine Abschrift erhalten ist, unter dem Schutz Mohammeds standen. Im Jahr 726 ordnete der Ikonoklast Leo III. die Zerstörung aller Heiligendarstellungen an, doch das durch seine völlige Isolation geschützte Katharinenkloster war das einzige, das sein gewaltiges kunstgeschichtliches Erbe retten konnte. Die winzige christliche Diözese, weltweit die kleinste überhaupt, überstand die blutige Zeit der Kreuzzüge unbeschadet; auch in den folgenden Jahrhunderten blieb sie eine Oase des Friedens und der Stille, die regelmäßig von berühmten Persönlichkeiten aufgesucht wurde, angezogen von der Faszination der biblischen Stätten und der Heiligkeit der Basilika.
Zur Zeit des Feldzuges Napoleons nach Ägypten wurde in Europa ausführlich über das Katharinenkloster berichtet, das damit zu noch größerer Berühmtheit gelangte - bis heute.

Aus dem Tagebuch von David Roberts:

19. Februar - Das Kloster ist ein rechteckiger Bau, dessen Mauern und seitliche Türme aus behauenen Granitblöcken errichtet wurden. Innen gleicht es einem Städtchen: außer den Behausungen und Lagerhäusern gibt es eine Kapelle und eine Moschee...

David Roberts, R.A.

DER AUFSTIEG ZUM BERG SINAI

Abbildung 10

Aus dem Tagebuch von David Roberts:

20. Februar - Heute haben wir in zwei Stunden den Gipfel des Sinai erklommen ... Die Aussicht vom Gipfel könnte nicht schöner sein.

20. Februar 1839

Das Gebirgsmassiv, das sich über den südlichen Teil der Halbinsel Sinai erstreckt und auch gemeinhin nach ihr benannt ist, besteht aus vier großen über 2000 Meter hohen Berggipfeln. Bei welchem es sich um den biblischen Berg handelt, auf dem der Gott Israels Moses die Gesetzestafeln übergab, ist nicht zu klären. Der Überlieferung zufolge wird er mit dem Djebel Musa identifiziert, an dessen Fuß das Katharinenkloster liegt. Weitere Interpretationsschwierigkeiten entstehen dadurch, daß im Alten Testament der Berg Sinai, d.h. "Berg Gottes", zuweilen Horeb genannt wird. Sie verbindet die Erscheinung des brennenden Dornbuschs, der Bundesschluß auf dem Sinai und die Übergabe der Gesetzestafeln. Diese doppelte Benennung wurde verschieden ausgelegt. Auf die größte Akzeptanz stieß die Erläuterung, Horeb sei eine allgemeine Bezeichnung, unter der das Gebirgsmassiv bekannt war, Sinai hingegen der Name des Gipfels, den Moses erklommen habe. Den Vermerken zufolge, die Roberts seinen Zeichnungen anfügte, schien er diese These zu befürworten. Am Tag nach der Ankunft im Katharinenkloster beschloß der Künstler, den von den drei monotheistischen Weltreligionen als heilig betrachteten Berg zu erklimmen. Den Aufstieg bewältigte er in ein paar Stunden Fußmarsch. Dieses Unterfangen erscheint auch heute noch bemerkenswert, zumal der streckenweise äußerst steile und gefährliche Serpentinenpfad an einigen Stellen abgerutscht war. Die sogenannte "Treppe des Moses", die hier abgebildet ist, überbrückt die schwierigste Wegstrecke und besteht aus über 300 Granitstufen. Einer Legende zufolge soll sie ein Mönch alleine in den Fels gehauen haben, um ein Gelübde zu erfüllen. Die Treppe führt zur "Beichtpforte", ein Torbogen, unter dem die Pilger bei einem Mönch des Klosters ihre Beichte ablegten. Erst nach der Absolution konnten die Gläubigen weitergehen bis zur "Pforte des Glaubens", an der sie ihre Schuhe auszogen und wie Moses vor Gott barfuß den Gipfel erklommen.

David Roberts R.A.

DIE KAPELLE DES ELIAS

Abbildung 11

20. Februar 1839

Hinter der "Beichtpforte" schlängelt sich der Pfad zum Kamm empor, der das Katharinental vom benachbarten El-Leja-Tal trennt. Endlich war der Gipfel des Djebel Musa aus nächster Nähe zu sehen, während sich in der Ferne der Djebel Katrina erhob. An dieser Stelle hat man einen freien Ausblick auf das darunter liegende Kloster und die benachbarte Ebene von El Rahah, ferner auf die Bergkette des Sinai und die ausgetrockneten Flußbette, die sich in den Talgrund eingegraben haben. Auf halber Höhe der Bergkuppe steht neben einem tiefen Brunnen eine vereinzelte Zypresse. An einem Felsen finden sich Graffiti eines mohammedanischen Pilgers. Hier am Beginn des letzten Wegabschnitts erhebt sich ein flaches Gebäude, die sogenannte "Kapelle des Elias". Sie wurde an jener Stelle errichtet, wo der Prophet Zuflucht gefunden hatte, um der Verfolgung durch Königin Gezabel, der Gattin von Acàb, zu entkommen; sie war eine Anhängerin des Baalkultes und galt als Feindin Israels. Im Innern der Kapelle markiert ein Altar den Eingang der Höhle, in der Elias gelebt hatte, bis ihm Gott erschienen war, um ihm Trost zu spenden und ihm aufzutragen, sich nach Syrien zu begeben und seinen Auftrag als Prophet zu erfüllen.

David Roberts R
Chapel of Elijah on Mount Horeb. Feby 20th 1839.

Der Gipfel des Berg Sinai

Abbildung 12

Der Gipfel des Djebel Musa, ein hauptsächlich aus Porphyr und rotem Granit gebildetes Gebirgsmassiv von eigentümlicher Farbe, erreicht eine Höhe von 2132 Metern. Hier ließ Justinian im 4. Jahrhundert an der Stelle, wo Moses von Gott die Zehn Gebote empfing, eine kleine Kapelle errichten, die mehrfach zerstört und wiederaufgebaut wurde. Vom christlichen Gotteshaus hebt sich eindrucksvoll die nahegelegene kleine Moschee ab. Sie steht an der Stelle, wo der Überlieferung der Sinaibeduinen zufolge Nabi Saleh in den Himmel aufgestiegen sein soll. Der Berg wird vom Islam als Heiligtum verehrt, da Mohammed hier auf seiner nächtlichen Reise von Mekka zum Berg Ararat Halt machte. An dieses wundersame Ereignis soll ein in den Felsen eingeprägter Hufabdruck von Burack, dem geflügelten Kamel des Propheten, erinnern. Roberts hatte von dieser Legende gehört und wollte diese sagenumwobene Stelle mit eigenen Augen sehen.
Er räumte ein, daß sie wegen einer Laune der Natur wirklich Größe und Form eines Hufabdruckes hatte. Kapelle und Moschee waren damals stark verfallen; eine Renovierung erfolgte in den dreißiger Jahren des 20. Jahrhunderts. Heute ziehen es die meisten Besucher vor, dort oben auf dem Berg zu übernachten, um die umliegenden Gipfel und den Fernblick auf den Golf von Akaba im rötlichen Morgenlicht zu erleben.

Aus dem Tagebuch von David Roberts:

20. Februar - In der Nähe des Gipfels stehen zwei kleine Kapellen. Die eine befindet sich über der Höhle, in der Elias nachts Unterschlupf fand... Auf dem Berggipfel stehen zwei weitere Kapellen; die eine kennzeichnet die Stelle, an der Moses die Gesetzestafeln empfing, die andere gehört den Mohammedanern, und in ihrer Nähe befindet sich aer Fels mit dem Hufabdruck des Kamels, das den Propheten trug...

20. Februar 1839

he Convent of St Catherine Mount Sinai. Looking towards the Plain of the Encampment. Feby 21st 1839.

Das Kloster und die Ebene des Zeltlagers

Abbildung 13

21. Februar 1839

Unterhalb des Klosters erstreckt sich eine weite Ebene, die ein ausgetrocknetes Flußbett durchquert. Nach der biblischen Überlieferung ließ sich dort das Volk Israels nieder, um auf die Rückkehr Moses vom Berg Sinai zu warten. In der Heiligen Schrift steht denn auch geschrieben: "Sie schlugen in der Wüste das Lager auf. Dort lagerte Israel gegenüber dem Berg. Moses stieg zu Gott hinauf." (Exodus 19,3). Auch wenn es äußerst schwierig ist, den historischen Gehalt der biblischen Beschreibung zu überprüfen, konnten anhand einer Reihe von genauen wissenschaftlichen Untersuchungen neue Erkenntnisse hinsichtlich des beschwerlichen über vierzig Jahre währenden Zugs gewonnen werden, den die Juden - bestimmt von der Suche nach einem Brunnen oder einer grünen Oase - unternahmen. Es liegen keine genauen Zahlen vor, wieviele Menschen während der Regierungszeit von Ramses II. aus Ägypten auszogen. Allerdings ist eine Zahl von drei Millionen auszuschließen, von der in Exodus die Rede ist. Nach einer realistischeren Schätzung der Gelehrten soll es sich um etwa dreißigtausend Personen gehandelt haben, die höchstwahrscheinlich gar nicht am Fuß des Djebel Musa vorbeizogen, sondern weiter im Norden, wo mehrere Oasen liegen. Welchen Weg Moses und seine Gefolgschaft auch immer eingeschlagen haben, von diesen Örtlichkeiten geht jedenfalls ein besonderer nicht immer rational erklärbarer Reiz aus. Auch Roberts war vom Sinai zutiefst beeindruckt, vor allem vom Katharinenkloster, das er aus den verschiedensten Blickwinkeln zeichnen wollte. Auf dieser Abbildung, die unter anderem zwei von der Expedition benutzte Zelte darstellt, ist das Minarett der Moschee deutlich neben der Verklärungskirche erkennbar. Innerhalb der Mauern leben eine kleine islamische und eine christliche Gemeinschaft harmonisch nebeneinander. Eine solche ungewöhnliche Koexistenz liegt darin begründet, daß der Berg auch von den Mohammedanern sehr verehrt wird. Die Notwendigkeit, Pilgern beider Religionen Schutz zu gewähren, trug viel stärker zur Erhaltung des Klosters als Gesamtkomplex bei, als dies der von Mohammed unterzeichnete Schutzbrief vermocht hatte. Mohammed wird im übrigen die Errichtung der Moschee zugeschrieben.

Die Klostermauern

Abbildung 14

21. Februar 1839

Das am Ende eines engen Tals auf einer Höhe von tausendfünfhundertsechzig Metern befindliche Katharinenkloster ist von einer eindrucksvollen Bergkulisse umgeben. Die Abbildung zeigt eine mächtige Befestigungsanlage, deren Erscheinungsbild sich seit der Zeit der Kreuzzüge kaum verändert hat. Der mächtige Mauerring aus behauenem roten Granit umgrenzt eine fast viereckige Fläche von etwa fünfundachtzig mal vierundsiebzig Metern. Die Festung ist zwischen zwölf und fünfzehn Metern hoch; die Mauern sind am Fundament bis zu einem Meter und sechsundfünfzig dick. Entlang der ganzen Mauer sind eine Vielzahl von Malteserkreuzen eingraviert; einige reichen bis ins Zeitalter des Justinian zurück. Der östliche Winkel ist durch den sogenannten "Turm Kleber" geschützt, während die übrigen rechtwinkligen bzw. runden Türme dem Bau ein weniger strenges Aussehen geben. Das Werk des Künstlers läßt das in neun Metern Höhe auf der nordöstlichen Wand vorspringende Schilderhaus gut erkennen. Darin befindet sich die alte Winde, die sowohl den Zugang zum Kloster als auch die regelmäßige Versorgung mit Lebensmitteln und sonstigem Gut sicherstellte. Etwas weiter rechts befand sich die ursprüngliche Pforte, die bereits im Mittelalter zu Verteidigungszwecken zugemauert worden war, um ein Eindringen zu ebener Erde zu verhindern. Die Besucher von heute können das Kloster durch eine Öffnung betreten, die erst in diesem Jahrhundert unter der Bodenluke des Schilderhauses gebrochen wurde. Aus einer Reihe von Brunnen stellte die Klostergemeinschaft ihre Wasserversorgung sicher. Der bedeutendste, gleich rechts hinter dem Eingang, ist bekannt als Bir Musa oder als Mosesbrunnen. Nach der Überlieferung begegnete Moses hier Jetros Töchtern, von denen die älteste, Sefora, später seine Frau werden sollte.
Im Innern gleicht das Katharinenkloster einem mittelalterlichen Borgo mit kleinen Höfen, Treppen, Balkonen, Gewölbegalerien und engen Gängen. Die Häuser stehen zusammengedrängt, ohne einer bestimmten Ordnung oder einem spezifischen Plan zu folgen, in einer einzigartigen Vermengung verschiedener Größen und Stile.

David Roberts R.A.

Die Verklärungskirche

Abbildung 15

21. Februar 1839

Das Kloster ist der Hl. Dorothea geweiht und nach ihr benannt. Sie wurde im Jahre 294 als Sprößling einer reichen und vornehmen Familie geboren, war sehr gebildet und vor allem in Philosophie bewandert. Dorothea wurde Christin und ließ sich auf den Namen Katharina taufen. Unter Kaiser Maximinus Daia behauptete sie sich in einem öffentlichen Disput mit mehreren Gelehrten. Sie entging zwar dem Märtyrertod durch das Rad, wurde schließlich jedoch enthauptet.
Sie wurde in Alexandria bestattet. Erst fünf Jahrhunderte später hatte ein Mönch des Sinai eine Vision: Der Leib der Heiligen wurde von Engeln auf den Gipfel eines nahegelegenen Berges getragen, wo er unberührt verblieb.
Die Mönche beschlossen schließlich die Überführung ins Kloster, das von da an den Namen der Heiligen trug wie auch der Berg, der heute als Djebel Katrina bekannt ist. Ihre linke Hand und ihr Haupt, das mit einer Goldkrone und Edelsteinen geschmückt ist, wurden in wertvolle Silberreliquiare eingeschlossen und in einem Sarkophag neben dem Altar der Verklärungskirche aufbewahrt.
Bei dieser Kirche handelt es sich um eine der ältesten christlichen Basiliken, die uns im Originalzustand überkommen sind. Der vierzig Meter lange Innenraum ist dreischiffig und durch zwölf monolithische Granitsäulen unterteilt: Sie symbolisieren die zwölf Monate des Jahres und sind mit der Ikone des im betreffenden Monat verehrten Heiligen geschmückt. Die Säulen tragen mächtige Kapitelle mit verschiedenen Reliefs. Am Ende des Mittelschiffes befindet sich die Apsis, deren Wölbung mit einem prunkvollen Mosaik aus dem 6. Jahrhundert mit der Darstellung der Verklärung Christi ausgekleidet ist. Die Seitenschiffe münden in zwei Seitenkapellen. Von der Holzdecke aus dem 18. Jahrhundert, ausgemalt mit Goldsternen auf grünem Untergrund, hängen etwa fünfzig vergoldete Silberlampen herab, die meisten mit einem Straußenei versehen, dem Symbol der Wiedergeburt und der Kontinuität. Orthodoxer Tradition entsprechend ist der Altar vor dem Anblick der Gläubigen durch die Ikonostase, eine Art prunkvoll bemalte Trennwand, verhüllt. Sie besteht aus vier geschnitzten und vergoldeten Holztafeln mit Ikonen von Christus, der Jungfrau Maria, der Heiligen Katharina und Johannes dem Täufer.
Darüber hängt ein mächtiges Kruzifix, das Jeremia von Kreta im 17. Jahrhundert bemalt und der Patriarch der Insel dem Kloster gestiftet hat. Roberts konnte das Innere der Basilika dank der Zustimmung des Abtes zeichnen, der sich bezüglich der Kapelle des Brennenden Dornbusches jedoch zurückhaltender zeigte. Wegen der Heiligkeit des Ortes ist der Zutritt bis heute nur barfuß gestattet.

Aus dem Tagebuch von David Roberts:

21. Februar - Mit Erlaubnis des Vorstehers habe ich heute eine Zeichnung von der Kirche der Hl. Katharina angefertigt. Sie verfügt über zwei Säulenreihen, deren Kapitelle mit den in England als "normannisch" bezeichneten Kapitellen vergleichbar sind. Ein reich verziertes Kruzifix erhebt sich über

einer Intarsien-Trennwand mit zwei Flügeltüren, die sich zum Hochaltar hin öffnen...
Auf dem Altar befinden sich zahlreiche kostbar gebundene Ausgaben der Heiligen Schrift, und auf der linken Seite befindet sich das reich geschmückte Reliquiar der Hl. Katharina...

Die Mönche vom Katharinenkloster

Abbildung 16

21. Februar 1839

Das Katharinenkloster gehört zur griechisch-orthodoxen Kirche. Es sind überwiegend Griechen, die dort als Mönche nach dem Ritus des Hl. Basilius d.Gr. leben, der um 329 bis 379 gelebt hat und Bischof von Caesarea war. Der Tradition entsprechend wird der Abt des Klosters von einem aus vier Erzgesandten gebildeten Rat gewählt und vom Patriarchen von Jerusalem geweiht. Dieser ist neben denen von Rom, Moskau, Konstantinopel, Alexandria und Antiochia einer von sechs griechisch-orthodoxen Ökumenischen Patriarchen. Die Darstellung zeigt den Innenhof des Klosters, wobei Roberts besonderen Wert auf die Mönchskleidung legt. Der Abt, Erzbischof von Sinai, ist an seinem langen schwarzen Mantel zu erkennen, der sich von dem der Mitbrüder unterscheidet. Die Kleider der Gemeinschaft waren aus einem Tuch aus Ziegen- oder Kamelwolle gearbeitet, die im Kloster selbst bearbeitet wurde und große Ähnlichkeit mit der Wolle der Beduinen aufwies. Die Mönche, nie mehr als zwanzig, verrichteten alle Arbeiten, die zur Bewirtschaftung ihrer kleinen Welt erforderlich waren: Je nach Bedarf waren sie Zimmerer und Tischler, Schneider und Schuster, Bäcker und Köche. Die meisten Mönche weilten seit drei bis vier Jahren im Katharinenkloster, ein paar hatten jedoch ihr ganzes Leben dort verbracht. Die Regel schrieb vor, zweimal am Tag und zweimal in der Nacht am Gottesdienst teilzunehmen und kein Fleisch zu verzehren. Roberts unterhielt sich lange mit dem Abt, einem gebildeten und aufgeschlossenen Menschen, der eigene Reisen nach Europa und England unternommen und diese in guter Erinnerung behalten hatte.

Der Mosesfelsen

Abbildung 17

22. Februar 1839

Am 22. Februar verabschiedete sich Roberts von den Mönchen des Katharinenklosters, die ihn beherbergt hatten, um seine Reise in Richtung Akaba fortzusetzen, das er binnen vierundzwanzig Stunden zu erreichen gedachte. Früh an jenem Morgen hatte der Abt die Karawane mitsamt Gepäck vorausgeschickt, so daß der Engländer, der unterwegs einige Zeichnungen angefertigt hatte, das Lager in einem Flußbett westlich des Klosters schon aufgeschlagen vorfand. Sie überquerten den Berg, der das Katharinental von dem El-Leja Tal trennt, in dem das verlassene Kloster El-Arbain liegt. Anschließend entdeckte der Künstler einen eindrucksvollen Monolithen, der als Mosesfelsen der biblischen Erzählung verehrt wird. Als das Volk Israels ohne Wasser war und zu murren begann, rief Moses die Hilfe des Herrn an. Gott befahl ihm, den Stab in die Hand zu nehmen, mit dem er das Rote Meer geteilt hatte, und sagte ihm: "Dort drüben auf dem Felsen am Horeb werde ich vor dir stehen. Dann schlag an den Felsen! Es wird Wasser herauskommen, und das Volk kann trinken." (Exodus 17,6). Roberts glaubte, daß sich der Fels vor langer Zeit von der Flanke des Berges gelöst hatte und bemerkte, daß die Oberfläche etwa ein Dutzend regelmäßiger Spalte aufwies. Eine genauere Inaugenscheinnahme überzeugte ihn, daß dies nicht das Werk eines Menschen war, sondern das Gestein den Teil einer Vertiefung oder eine durch Wasser abgetragene Aushöhlung darstellte. Wahrscheinlich kann man das eigentümliche Aussehen des Mosesfelsen mit jener Erosion erklären, für welche die in dieser Gegend häufigen, starken Winde verantwortlich sind.

Aus dem Tagebuch von David Roberts:

22. Februar - Ich habe den Mosesfelsen gezeichnet, aus dem Wasser für das dürstende Volk entsprungen sein soll. Wir haben uns von den Mönchen des Katharinenklosters, unseren Freunden, verabschiedet, deren Gastfreundschaft hinreißend war...

David Roberts, R.

Die Ile de Graye

Abbildung 18

23.-27. Februar 1839

Mit ausgeprägtem Sinn für das Detail vermerkte Roberts in seinem Tagebuch, daß am 23. Februar nach mehrstündigem Marsch zur Stärkung eine Rast eingelegt wurde: Es gab von den Mönchen des Katharinenklosters gebackenes Brot, kaltes Fleisch, Butter aus Kairo, Datteln, Oliven und Wasser, das zur Abmilderung des bitteren Geschmacks mit Brandy verfeinert war. Nachdem alle eine Pfeife mit bestem türkischem Tabak geraucht hatten, setzte die Karawane ihren Weg ins Sinaigebirge fort und erreichte um fünf Uhr nachmittags eine weite Talebene. Die Vorstellung, Akaba in kurzer Zeit zu erreichen, erwies sich wegen des unwegsamen Geländes als trügerisch, und Roberts wollte in den folgenden Tagen seinen Weg in Zehn-Stunden-Etappen fortsetzen. Am 24., einem Sonntag, hatte die Expedition endlich das Sinaigebirge hinter sich gelassen. Vor ihnen lag eine sandige Hügellandschaft; die Bergkuppen waren mit wilden Thymianhecken bewachsen, deren Wohlgeruch die warme Luft anfüllte. Am Nachmittag verlief der Weg durch eine verwilderte, abschüssige Schlucht, an deren Ende sich plötzlich die Küste und das kristallklare Wasser des Golfs von Akaba auftaten. Am Tag darauf war von Süden in den ersten Morgenstunden Schirokko aufgekommen, der sich schon bald in einen heftigen Sandsturm verwandeln sollte. Roberts und seine Begleiter sahen sich schließlich gezwungen, in einer geschützten Bucht ihre Zelte aufzuschlagen. Es war drückend heiß; gegen Abend zeigte das Thermometer noch etwa dreißig Grad an. Da sich die Witterungsverhältnisse über Nacht verbessert hatten, konnte die Expedition bei Morgengrauen ohne Verzögerungen weiterreisen. Am Abend des 26. wurde das Lager schließlich in unmittelbarer Nähe von Akaba vor der Île de Graye aufgeschlagen. Auf der Insel, kaum größer als eine Klippe, sind noch die Überreste einer Burg oder Stadt zu sehen, die schon lange vor den Kreuzzügen ihre Blütezeit erlebte. Die Burg auf der Ile de Graye hatte - so nimmt man an - zum Verteidigungssystem der nahegelegenen Stadt Elat gehört, deren Ursprung - wie im Fall der angrenzenden Stadt Akaba - auf Ezeon-Geber, dem von Salomo am Roten Meer angelegten biblischen Hafen, zurückgeht. Elat war von Nabatäern, Römern, Byzantinern und Arabern besetzt worden; während der Belagerung durch die Kreuzfahrer wurde die Zitadelle um 1116 zerstört.

David Roberts R.A.

Die Festung von Akaba

Abbildung 19

Die Karawane hatte ihr Trinkwasser aufgebraucht, als Roberts um die Mittagszeit des 27. Februar vor den Toren der Festung von Akaba eintraf. Die Garnison empfing die unerwarteten Besucher höflich und bot ihnen Schlafsäle an. Der Engländer zog es jedoch vor, draußen sein Lager aufzuschlagen; nachdem er sich erfrischt und umgezogen hatte, stellte er sich dem lokalen Gouverneur vor. Dieser liebenswürdige Mensch bot dem ausländischen Gast Kaffee und erstklassigen Tabak an. Nachdem er sich über dessen Reiseroute informiert hatte, gab er sofort Anweisung, dem Stammesoberhaupt der Alluenen eine Botschaft zu überbringen, denn ohne dessen Transiterlaubnis wäre eine Weiterreise der Expedition nach Petra nicht möglich gewesen. Die Festung, ein mächtiger Bau mit quadratischem Grundriß und vier Ecktürmen, wurde um die Mitte des 16. Jahrhunderts vom ägyptischen Sultan El Ghoury errichtet; sie sollte den Pilgern auf dem Weg nach Mekka oder auf der Rückreise von Ägypten oder Syrien Schutz bieten. Ihre strategische Bedeutung bestand vor allem in der Nähe zu den einzigen Süßwasserbrunnen dieser Gegend, die eine wichtige Versorgungsstelle für die Karawanen darstellten. Auch wenn Roberts keine Überreste und Inschriften ausfindig machen konnte, die vor der Errichtung der Festung zu datieren waren, schien er mehr oder weniger davon überzeugt zu sein, daß die Festung an der Stelle der antiken Stadt Aelana, der von David eroberten Stadt der Edomiter, stand. In der Nähe soll Salomo den Hafen Ezeon-Geber angelegt haben, der zu einem der wichtigsten Handels- und Verkehrszentren des Altertums aufblühte. Auf das Eintreffen des Scheichs der Alluenen in Akaba wartend, verbrachte Roberts mehrere Tage damit, durch die Umgebung zu streifen und sich vor der beschwerlichen Reise nach Petra zu erholen.

Aus dem Tagebuch von David Roberts:

27. Februar - Wir haben eilends die Festung erreicht, wo wir gegen Mittag eintrafen. Unsere Kamele und die Araber des Gefolges haben die Männer der Garnison stark beeindruckt...
2. März - An diesem Morgen ist der Scheich der Alluenen eingetroffen und hat sofort eine heftige Diskussion entfacht. Nach vielem Hin und Her haben wir eine Einigung erzielt, und er hat uns auf unserer Reise nach Petra Unversehrtheit zugesichert verbunden mit der Erlaubnis, uns beliebig lange dort aufzuhalten...

27. Februar - 1. März 1839

Die Reise nach Petra

Abbildung 20

2.-5. März 1839

Die lebhafte Diskussion, die Roberts und der am Morgen des 2. März in Akaba eingetroffene Scheich des Alluenen-Stamms führten, zog sich lange hin und endete mit folgendem Ergebnis: Gegen Zahlung von viertausendfünfhundert Piaster, damals etwa fünfundvierzig Pfund Sterling, würde die Karawane die Erlaubnis erhalten, durch das Wadi Musa nach Hebron weiterzureisen; außerdem könnte sich der Engländer so lange in Petra aufhalten, bis er die wichtigsten Baudenkmäler skizziert hätte. Nachdem die Vereinbarung besiegelt war, lud Roberts den Scheich und den Gouverneur von Akaba gemeinsam mit deren Vertretern zum Abendessen in sein Zelt ein. Später verabschiedete er sich von den Männern des Stammes Beni Sa'id, die ihn bis dahin begleitet hatten und begann mit den Reisevorbereitungen für den folgenden Tag. Die dreiundzwanzig Tiere umfassende Karawane setzte sich bei Morgengrauen in Bewegung, ließ den Golf von Akaba alsbald hinter sich und ritt lange Zeit an einer Trasse vorbei, die vor Hunderttausenden von Jahren das Flußbett des Jordans gewesen sein mußte. Die in stickige Nebelschwaden eingetauchte Ebene ließ die Wüste noch düsterer erscheinen. Bis zum Aufschlagen der Zelte bewegte sich der Zug still vorwärts. In derselben Nacht wurde Roberts durch den blassen Schein des Vollmonds und das geheimnisvolle Aussehen der umliegenden Berge in einen merkwürdigen Gemütszustand versetzt, der in seinem Innersten starkes Heimweh aufkommen ließ. Am Nachmittag des folgenden Tages tat sich das Lager des Scheichs am Horizont auf; wenige Stunden später wurde die Karawane überschwenglich empfangen. Zum Zeichen der Gastfreundschaft wurde den drei Europäern ein Milchzicklein geschenkt, das sie bereitwillig annahmen. Nach einer ruhigen Nacht machte sich die Expedition mit den ersten Sonnenstrahlen wieder auf den Weg und näherte sich allmählich den Ausläufern des Berges Hor. Um drei Uhr nachmittags ließ sich die Karawane unter einem antiken Wachturm nieder. Dieser war zur Überwachung des El-Ghor-Tals errichtet worden, das den Zugang zur Stadt Petra sicherte.

Der schlichte zweigeschossige Bau erhob sich in eindrucksvoller Lage vor der höchsten Erhebung eines Felsvorsprungs, der sich über der Ebene des Wadi erhob. Der Turm war wohl eine Kurierstation, oder er gehörte zu einer Reihe von Wachtürmen, die der Verteidigung der Stadt dienten. Das auf der Lithographie vermerkte Datum ist sicherlich unzutreffend und stimmt nicht mit den Angaben in Roberts' Reisetagebuch überein. Solche Diskrepanzen bei den Zeitangaben sind auch an anderen Stellen in Roberts' Werk zu konstatieren.

Aus dem Tagebuch von David Roberts:

4. März - Gegen vier Uhr sind wir am Zelt des Scheichs angelangt, wo wir sehr freundlich empfangen wurden; außerdem hat uns jeder der anwesenden Araber auf beide Wangen geküßt...
5. März - Wir sind wie gewöhnlich früh aufgebrochen. Um die Mittagszeit zogen wir in Richtung einer Berggruppe zu unserer Rechten, die zur Bergkette des Berg Hor gehören. Um drei Uhr haben wir die Zelte am Eingang zum Wadi Musa aufgeschlagen...

Der Berg Hor

Abbildung 21

5. März 1839

Aufgeregt und ungeduldig wollte Roberts unbedingt den Gipfel der Anhöhe erklimmen, der sich über dem Zeltlager erhob, um von dort einen ersten Blick auf die geheimnisvolle Stadt Petra zu werfen. Doch seine Erwartungen wurden durch Hügel, mit denen er nicht gerechnet hatte und die ihm die Sicht versperrten, enttäuscht. Die Landschaft war jedoch eindrucksvoll, und der Engländer befand, für seine Mühen ausreichend belohnt worden zu sein. Zu seinen Füßen taten sich die Schluchten von El Ghor und des Wadi Arabah auf. Die Felsen des Berg Seir erstrahlten im Abendlicht, und in der Ferne erhob sich das gewaltige Massiv des Berg Hor, an dessen Fuß die Israeliten nach der Flucht aus Ägypten ihre Zelte aufgeschlagen hatten. An diesem Ort hatte das Schicksal Aarons seinen Lauf genommen, als der Herr Moses aufgetragen hatte, Aaron auf den Berg hinaufzuführen: "Moses nahm Aaron die Gewänder ab und legte sie seinem Sohn Eleasar an. Dann starb Aaron dort auf dem Gipfel des Berges, Moses aber und Eleasar stiegen vom Berg herab. Als die Gemeinde sah, daß Aaron dahingeschieden war, beweinte ihn das ganze Haus Israel dreißig Tage lang." (Das Buch Numeri 20,28-29).

ANKUNFT IN PETRA

Abbildung 22

6. März 1839

Aus dem Tagebuch von David Roberts:

6. März - Petra. Heute haben wir unser Lager inmitten der Ruinen dieser großartigen Stadt aufgeschlagen, die zwischen den Bergen liegt und von der Wüste umgeben ist, in der jedoch jedwede Flora gedeiht...

Am 6. März in der Morgendämmerung hatte der Scheich vergeblich den Engländer davon zu überzeugen versucht, Kamele und Gepäck im Zeltlager zurückzulassen und zu Fuß weiterzuziehen. Die Karawane setzte sich daher in Bewegung und zog einen steilen Pfad empor, der sich am Rande eines Abgrunds durch ein Dickicht von Oleander und Lorbeer schlängelte. Nachdem eine gefährliche Steigung genommen worden war, wurden Roberts und seine Führer vom Stamm der Alluenen beim Abstieg ins Petra-Tal von einer arabischen Gruppe vom Stamm des Wadi Musa angehalten, der die Felsenstadt und ihr Umland beherrschte. Nach einem heftigen Streit unterrichtete der Scheich die Fremden, zwischen den beiden Stämmen bestehe ein alter Zwist und die Alluenen dürften weder Petra selbst betreten noch Fremde dorthin führen. Die Verhandlungen zogen sich lange hin, und es kam zu heftigen Diskussionen. Roberts willigte schließlich ein, im Gegenzug für einen ungestörten fünftägigen Aufenthalt in Petra eine Gebühr von dreihundert Piaster zu entrichten. Die vereinbarte Zeit war für Roberts' Pläne knapp bemessen, doch wollte der Künstler während dieses kurzen Aufenthalts unaufhörlich arbeiten. Nachdem die bewaffneten Männer den Weg freigegeben hatten, konnte die Karawane ins Tal hinabsteigen, wo das Lager aufgeschlagen wurde und die Kamele reichlich Wasser und Weideland vorfanden.

Der von beinahe senkrechten Felswänden umschlossene Ort, in dem Petra liegt, hat die Form eines Amphitheaters und mißt einen Kilometer von Ost nach West und einen halben von Nord nach Süd. Das Bett eines Flusses windet sich durch den Ort, seine Nebenflüsse umschließen einen niedrigen Bergkamm, auf dem die eigentliche Stadt liegt. An den bis zu 300 Meter hohen Felswänden rings um die Stadt wurden Gräber und Wohnstätten in den Fels gehauen. Auf den höchsten Erhebungen in der Umgebung wurden mehrere Kultstätten und Befestigungsanlagen errichtet, die die Zufahrtswege in die Stadt kontrollierten. Die Theatertribüne im Vordergrund der Darstellung war in den Felshang geschlagen; dort sollen bis zu dreitausend Zuschauer Platz gefunden haben. Von der Hochbühne, die nach einem Erdstoß eingestürzt war, sind nur noch wenige Reste erhalten.

Beratung unter Arabern

Abbildung 23

6. März 1839

Das Lager war kaum inmitten der Ruinen von Petra aufgeschlagen, als Roberts Zeuge eines sonderbaren Streits zwischen jenen Beduinen wurde, die ihm und seinen Begleitern wenige Stunden zuvor auf ebenso ungestüme Weise den Weg versperrt hatten. Einer der Araber war angeklagt, einen Esel gestohlen zu haben. Zur Beilegung des Streits wurde um die maßgebende Meinung von drei Scheichs des Stammes gebeten. Einer von ihnen, ein angesehener älterer Herr begann mit der Anhörung, nachdem er die Anwesenden im Kreis auf der Erde Platz nehmen ließ und mit gravitätischer Stimme einen Teil des Einleitungskapitels des Korans und Wendungen vortrug, die dem Engländer Zitate einschlägiger Gesetze zu sein schienen. Beim Sprechen schwang der ältere Scheich in der rechten Hand ein Schwert, während die anderen aufmerksam zuhörten und lediglich schweigend nickten. Als er seine Meinung kundgetan hatte, übergab er das Schwert seinem Nachbarn, der seinerseits das Wort ergriff. Diese Zeremonie wurde solange fortgesetzt, bis alle Beteiligten zu Wort gekommen waren. In der Zwischenzeit hatte es niemand gewagt, den betreffenden Redner zu unterbrechen.
Nach Verkündung des Urteils verschwanden die Araber inmitten der Felsen. Obwohl Roberts' Neugierde geweckt worden war, konnte er weder den Spruch dieses sonderbaren Gerichts noch die Härte der Bestrafung in Erfahrung bringen.

Conference at Wady Moosa

Petra

Abbildung 24

6. März 1839

Das in Süd-Transjordanien gelegene Petra findet in der Bibel mehrfach unter dem Namen Sela Erwähnung, während es von den Arabern Wadi Musa oder "Mosestal" genannt wurde. Die ersten Behausungen dieses Ortes reichen zwar bis in die Eisenzeit zurück, doch zu einem bedeutenden Zentrum wurde der Ort erstmals in persischer Zeit, als die Nabatäer dieses Gebiet besetzten. Im Jahr 312 v.Chr. konnten sie sich dem Eroberungsversuch Antigonos' widersetzen, weil sie sich hinter einem nahegelegenen Felssporn verschanzt hatten. Im Schnittpunkt dreier Felskämme gelegen, entwickelte sich die Felsenstadt Petra in der Folge zum Mittelpunkt und Verteidigungszentrum des hiesigen Nomadenvolkes. Die Entscheidung der Nabatäer, Petra zu ihrer Hauptstadt zu küren, erfolgte vor allem aus Sicherheitserwägungen. Hinter Bergen versteckt mit wenigen, leicht kontrollierbaren Zufahrtswegen war Petra ein sicherer Ort für die durch den Karawanenhandel angehäuften Reichtümer. Der leichte Zugang zum Roten Meer sicherte die bedeutenden Handelsverbindungen nach Arabien und Mesopotamien, während die Straße vom Negev nach Gaza den Zugang zum Mittelmeer und nach Syrien eröffnete. Die ständige Verbindung zu den wichtigen Handelsströmen sowie zunehmender Wohlstand förderten die weitere Entwicklung und Hellenisierung Petras. Insbesondere im 1. Jahrhundert n.Chr. bescherten die nabatäischen Herrscher der Stadt prächtige Baudenkmäler, von denen die meisten direkt in den Felsen geschlagen waren. Die römische Belagerung und die Errichtung der Provinz Arabien führten zwar nicht zur Stagnation, im 3. Jahrhundert aber mit der Verlagerung der Hauptstadt nach Bosra und dem Aufblühen neuer Karawanenzentren, vor allem von Gerasa und Palmyra, verlor die Felsenstadt zunehmend an Bedeutung, auch wenn Hadrian ihr nochmals den Rang einer Hauptstadt verlieh. Für weitere Jahrhunderte blieb Petra jedoch noch ein wichtiges Zentrum, war Bischofssitz und wurde nach der neuen Reichsteilung unter Diokletian zur Hauptstadt der Provinz "Palaestina Taertia". Mit der arabischen Eroberung setzte der völlige Zerfall Petras ein, den auch die kurzzeitige Befestigung und Besiedlung der Stadt durch die Kreuzfahrer nicht aufhalten konnte. Nach dem 13. Jahrhundert wurde sie aufgegeben und geriet im Okzident bis in die Anfänge des 19. Jahrhunderts in Vergessenheit.

PETRA
David Roberts

Blick von der Schlucht auf die Khazne

Abbildung 25

6. März 1839

Roberts konnte es nicht erwarten, gleich nach Errichtung des Zeltlagers das berühmteste Baudenkmal von Petra, die Khazne, zu besichtigen, die zu den Wunderwerken der Antike zählt. Wer eine Vorstellung von der tiefen Ergriffenheit erhalten will, die den Besucher noch heute beim plötzlichen Anblick dieses großartigen Zeugnisses menschlicher Schöpferkraft erfaßt, muß sich die extrem geschützte Lage der Stadt Petra vor Augen führen, die nur einen bequemen Zugang von Osten hat. Der als Sik bezeichnete Engpaß ist vier Kilometer lang und verläuft über einem Flußbett zwischen zwei Felswänden, die an manchen Stellen nur dreieinhalb Meter auseinanderstehen. Im Altertum wurde das Flußwasser in einen etwa 70 Meter langen, in den Fels gehauenen Kanal geleitet und zum Teil dem Aquädukt der Stadt zugeführt. An manchen Stellen verbreitert sich der Weg zu einem Platz, auf dem sich Karawansereien und Rastplätze für eintreffende Karawanen befanden. Auf halber Wegstrecke, wo der in den Felsen eingegrabene Sik plötzlich eine Kehre macht, tut sich die Khazne, jener weltweit einzigartige Grabtempel, auf. Besonders reizvoll ist der Kontrast zwischen dem blassen Rosa der Tempelfassade und dem finsteren Sik. Die Fassade besticht durch ihre völlige Symmetrie, die geschmackvollen Proportionen und den einzigartigen Erhaltungszustand. Roberts war geneigt, die Khasnè eher für ein Mausoleum denn für ein Heiligtum zu halten. Was die vieldiskutierte Frage betrifft, welche Funktion den Bauten entlang des Haupttals zukam, glaubte Roberts, es weder mit Gräbern noch mit Tempeln zu tun zu haben. Seines Erachtens haben die Nabatäer diese Bauten wohl nur deshalb errichtet, um ihren verfeinerten ästhetischen Geschmack zu verwirklichen und Petra zu einer Aussicht zu verhelfen, die ansonsten aufgrund der geographischen Lage der Stadt nicht möglich gewesen wäre. Grabungskampagnen und eingehende Untersuchungen konnten allerdings den Nachweis erbringen, daß die Felsbauten mehrere Zwecke erfüllten: Manche dienten als Wohnhäuser, die in der Regel aus einem großen Raum mit Säulen und Seitennischen bestanden und in der Mitte mit einem Triklinium versehen waren. Zahlreiche dieser Häuser trugen Fresken mit Darstellungen von Reben und floralen Verzierungen.

Aus dem Tagebuch von David Roberts:

6. März - Unseren ersten Spaziergang haben wir zur Khazne unternommen. Ich vermag nicht mehr zu sagen, ob mich der Anblick dieses Baus oder seine herrliche Lage mehr in Erstaunen versetzt hat. Die Khazne thront, unversehrt wie sie war, in einer riesigen Felsnische; durch den sanften Ton des Gesteins und den vollkommenen Erhaltungszustand auch der winzigen Details gewinnt man den Eindruck, sie sei erst kürzlich fertiggestellt worden.

Detailansicht der Khazne

Abbildung 26

7. März 1839

Die vierzig Meter hohe und fünfundzwanzig Meter breite Felsfassade der Khazne gliedert sich in zwei Stockwerke. Das Untergeschoß besteht aus einem Giebelportikus mit sechs korinthischen Säulen von zwölfeinhalb Metern Höhe. Zwischen zwei Säulenpaaren befinden sich figürliche Reitergruppen.
Die Darstellung auf dem Fries zeigt eine Reihe sich gegenüberstehender Greifen, während das Tympanon in der Mitte einen Adler mit ausgebreiteten Flügeln darstellt und mit Voluten ausgeschmückt ist. In den Winkeln des Architravs wachen zwei Löwen-Akroterien.
Das elegant wirkende Obergeschoß besteht aus drei Baugliedern:
In der Mitte befindet sich eine ringförmige Tholos. Sie gleicht einem Miniaturtempel mit Pavillondach und abschließender Urne. Es ist interessant zu erfahren, daß eben diese Urne dem Bauwerk seinen arabischen Namen gegeben hat, der soviel wie "Schatz" bedeutet. Die Beduinen glaubten nämlich, daß darin immense Reichtümer verborgen seien. Spuren von Gewehrschüssen zeugen vom Versuch, die Urne aufzubrechen und an die vermuteten Schätze zu gelangen. Die Tholos wird von zwei gesprengten Giebeln flankiert, die jeweils auf vier Ecksäulen ruhen. In den Nischen finden sich Reliefs mit figürlichen Darstellungen von Frauen und vier große Adler-Akroterien. Das Innere des Baudenkmals besteht aus einem vierzehn Meter breiten und sechs Meter tiefen Vestibulum, von dem man über acht Stufen in die Cella gelangt. Dieser Hauptraum hat eine Länge von zwölf Metern im Quadrat und weist an den Seitenwänden drei Grabnischen auf. Rechts und links des Vestibulums liegen zwei kleinere Räume. Die Anordnung der Innenräume, das Fehlen eines Altars und nicht zuletzt die Lage in einer engen Schlucht, die für religiöse Zeremonien nicht sonderlich geeignet schien, deuten darauf hin, daß die Khazne tatsächlich eher ein Grabdenkmal war und nicht, wie ursprünglich angenommen, ein Tempel.

Louis Haghe Lith.
Temple called El Khasne Petra March 7th 1839
David Roberts R.A.

PETRA. March 7th 1839.

Die östliche Felswand

Abbildung 27

7. März 1839

Die Nabatäer sollen von Nabath, dem Erstgeborenen von Ismael, abstammen. Sie sprachen einen aramäischen Dialekt, das Mandäisch, das zur Sprachgruppe der nordsemitischen Sprachen gehört. Zunächst waren die Nabatäer von der arabischen Halbinsel stammende Nomaden. Nachdem sie seßhaft geworden waren, errichteten sie eine straff organisierte Monarchie und gelangten in kurzer Zeit zu bemerkenswertem Reichtum. In römischer und hellenistischer Zeit erreichte das Reich der Nabatäer seine größte Ausdehnung. In diese Zeit fällt auch das rasche Aufblühen von Petra. Die glanzvolle Hauptstadt der Nabatäer wurde schon im Altertum wegen ihres einzigartigen Erscheinungsbildes bestaunt und bewundert. Das heutige Flußbett des Wadi Musa beschreibt den Weg der damaligen Hauptstraße, die in der Nähe eines mit einem Nymphaeum verbundenen Thermalbeckens ihren Anfang nahm. Weiter entfernt lagen auf höher gelegenen Terrassierungen drei Märkte mit Ladenreihen entlang den Seiten, ein großer korinthischer Tempel, die Thermen, der römische Torbogen und ein mehrstöckiges Gymnasion. Die dem Theater gegenüberliegende Felswand zierten prachtvolle Felsbauten. Das von Roberts dargestellte Bauwerk gehört zweifelsohne zu den interessantesten. Es zeichnet sich durch eine besonders qualitätvolle Gestaltung aus und eine in die Felswand eingelassene Fassade. Technisch ungewöhnlich ist die zweigeschossige Gewölbegalerie als Unterbau für eine große Terrasse, an deren Seiten zwei Kolonnaden direkt in den Felsen gehauen sind: Ganz offensichtlich sollte eine Bühnenwirkung erzielt werden. Zur Verstärkung dieses Effekts tragen nicht zuletzt die warmen Farben des Felsen bei.

Aus dem Tagebuch von David Roberts:

7. März - Wir sind zunehmend erstaunt und verblüfft über diese prachtvolle Stadt, die sich über fünf oder sechs Meilen in jede Richtung erstreckt. Jede Schlucht war bewohnt, und sogar die Berggipfel. Das Tal ist mit Tempeln, öffentlichen Gebäuden, Triumphbögen und Brücken übersät; alle sind unterdessen zerfallen mit Ausnahme eines Bogens und eines Tempels, dessen Portikus in Trümmern daliegt. Der Baustil unterscheidet sich von jedem anderen, den ich bislang gesehen habe. Er stellt weitgehend eine kuriose Mischung aus ägyptischen, römischen und griechischen Stilelementen dar. Der Bach fließt noch mitten durch die Stadt. Sträucher und wildwachsende Blumen sind üppig vorhanden. Jeder Felsspalt ist voll davon, und die Luft verströmt einen köstlichen Duft.

El Deir

Abbildung 28

8. März 1839

In Begleitung eines bewaffneten Trupps brach Roberts am Morgen des 8. März auf und gelangte über einen holprigen Pfad, der auf einer Länge von anderthalb Kilometern steil abfiel, in eine tiefe Schlucht. Die Gruppe überwand einen Höhenunterschied von über dreihundertfünfzig Metern und kam zu einem überwältigenden Bau namens Ed Deir, d.h. "Kloster". Es gehört zu den am wenigsten besichtigten, zugleich aber zu den gewaltigsten Baudenkmälern der antiken Hauptstadt der Nabatäer. Die Fassade des in den Felsen gebauten Tempels ist neunundvierzig Meter breit und neununddreißig Meter hoch. Die Ornamentik erinnert an die Khazne, ist aber feiner gearbeitet. Das Untergeschoß wird von Wandpfeilern begrenzt und umfaßt acht Halbsäulen, die zwei Rundnischen und eine Giebelpforte in der Mitte flankieren. Der über zwei Stufen erreichbare Eingang führt in einen Raum quadratischen Grundrisses, in dessen Mitte der heute fast völlig zerstörte Altar steht. Roberts sah darauf ein primitiv bemaltes Kreuz stehen, was darauf hindeutete, daß das heidnische Heiligtum für eine bestimmte Zeit als christliche Kultstätte genutzt worden sein muß. Das nur der Verzierung dienende Obergeschoß der Fassade weist außer der zwischen dem gesprengten Giebel angeordneten Tholos zwei Eckpfeiler auf und wird über die gesamte Breite durch ein dorisches Fries verziert. Ein zweiter Tempel, gegenüber diesem monumentalen Bau, liegt auf einem Hochplateau; von der vorgebauten Kolonnade ist allerdings nur noch der Sockel erhalten. Roberts war bezaubert vom herrlichen Weitblick, der sich ihm von der Felsterrasse über das El-Ghor-Tal darbot. Er war so beeindruckt, daß er fürchtete, diese Pracht nicht entsprechend wiedergeben zu können.

Aus dem Tagebuch von David Roberts:

8. März - Heute haben wir unseren Weg in eine schroff abfallende Schlucht fortgesetzt und sind über eine Meile eine verfallene Treppe wieder hinaufgestiegen. Wir haben ein Gebäude namens el Deir bzw. Kloster erreicht, das in den Fels gehauen wurde... Von hier ist das Panorama

wundervoll, der Blick streift das El Ghor-Tal, den Berg Hor (mit dem Aaron-Grab auf dem Gipfel) und die ganze Felsschlucht, die sich zwischen schwindelerregend hohen Bergspitzen durchschlängelt. Die antike Stadt erstreckt sich in ihrer ganzen Ausdehnung entlang des Tals...

Der östlichste Winkel des Tales

Abbildung 29

8. März 1839

*Die ältesten Felsbauten von Petra zeichneten sich durch ihre schlichte unkannelierte Fassade aus.
Sie waren mit ein oder zwei Reihen pyramidenförmiger Pfeiler sowie mit Felstreppen ausgestattet.
Im unteren Teil befand sich eine Toröffnung, die zuweilen Halbsäulen flankierten. (Eine solche Anordung findet sich in Abbildung 24). Dieser Grabtyp, von dem die ältesten Zeugnisse ins endende 2. Jahrhundert v.Chr. zurückreichen, enthält im Vergleich zu den syrischen Beispielen charakteristische nabatäische Stilelemente. In den folgenden zwei Jahrhunderten entwickelten sich komplex gestaltete Fassadentypen.
Grundlegend war dabei die weitgehende Übernahme hellenistischer Architekturelemente wie Fries, Architrav und Lisene.
Mit der Zeit hatte sich ein spezifischer Kapitelltyp herausgebildet, der bezeichnenderweise nabatäisches Kapitell genannt wird.
Immer stärker wurden die Architekturelemente nur zu dekorativen Zwecken verwendet.
Der provinzielle Charakter der lokalen Kunst, die sich fernab der zivilisierten Welt inmitten der Wüste entfaltete, erklärt das Überdauern autochtoner Elemente, die ansonsten als Ornamente - etwa in Form von heraldischen Rosetten und Tiergestalten - überaltert waren. In der zweiten Hälfte des 1. Jahrhunderts n.Chr. kam ein neuer Fassadentyp auf, der in den folgenden Jahrhunderten seine Blütezeit erlebte.
Nicht nur die Palette der figürlichen Architekturelemente war stark erweitert worden, unübersehbar war auch das Streben nach bildlicher Darstellung, wie sie die römische Kunst kennzeichnete.
Die Felsfassaden erreichten gewaltige Ausmaße mit übereinanderliegenden Säulenreihen; sie sollten den Eindruck einer Tempelfassade oder gar eines Bühnenbildes erwecken.
Felsgräber aus dieser Blütezeit hat Roberts in seiner Darstellung über den östlichsten Winkel des Tals wiedergegeben. Das sogenannte Palastgrab verfügt über vier Eingänge, die abwechselnd von einem Bogen oder Giebel überwölbt sind. Im oberen Geschoß finden sich vier Reihen kleiner Säulen und Pfeiler. Daran grenzt das Korinthische Grab an, das im Stil der Khazne gebaut ist, aber über eine kleinere Attika zwischen Giebel und Tholos verfügt.*

ÜBERRESTE EINES TRIUMPHBOGENS

Abbildung 30

8. März 1839

Unweit des Gymnasions, vor dem sich einst ein großer Tempel erhob, führte die Straße unter einem mächtigen dreigliedrigen Triumphbogen durch. Dieser liegt heute in Trümmern da. Die erhaltenen Reste und die immer noch erkennbare Funktion des Bogens lassen allerdings vermuten, daß es sich um ein Baudenkmal aus römischer Zeit handelte.
Die herumliegenden Skulpturfragmente verweisen außerdem auf eine prunkvolle Verzierung. Inmitten der Trümmer lag unter anderem eine prachtvoll gearbeitete Skulptur mit Flügeln, die vielleicht im Giebel ihren Platz hatte. Eine Vielzahl von Elementen griechisch-römischer Prägung, die im ganzen Areal der Stadt herumlagen, verleitete zur Annahme, in Petra seien nach der römischen Eroberung im Jahr 106 n.Chr. Arbeitskräfte aus allen Teilen des Okzidents am Werk gewesen. Gleichwohl wies der lokale Stil so hervorstechende Merkmale und Eigentümlichkeiten auf, daß er seine eigene, von fremden Einflüssen unterscheidbare Identität bewahrte. Die Lithographie trägt das Datum vom 8. März - das war der dritte Tag von Roberts' Aufenthalt in der nabatäischen Hauptstadt. Als der Künstler an jenem Tag die Gegend auskundschaftete und seine Diener das Abendessen am vorbereiten waren, drang ein Mann ins Lager ein und stahl eine metallene Suppenschlüssel in der Annahme, sie sei aus Silber. Nachdem der Dieb zwischen den Felsen verschwunden war, tauchte er auf dem Gipfel einer nahegelegenen Anhöhe wieder auf; die Beute auf dem Kopf tragend, rühmte er sich auf dreiste Art seiner Geschicklichkeit und kündigte neue Taten an. Die ortsansässigen Stämme waren berüchtigt für ihre Überfälle, die für die armen Opfer nicht selten tragisch endeten.

Remains of a Triumphal Arch at

PETRA, GESAMTANSICHT

Abbildung 31

9. März 1839

Entdeckt wurden die Ruinen von Petra im Jahr 1812 von einem Reisenden, dem Schweizer Orientalisten Johann Ludwig Burckhardt. Sie gehören zu den bedeutendsten und bezauberndsten Baudenkmälern des Altertums. Dies gilt nicht nur für die unvergleichliche Qualität der Bauwerke, sondern auch für die charakteristische und einzigartige Lage der Stadt zwischen Vulkanerhebungen und engen Schluchten. Von besonderem Reiz ist auch die eigentümliche Färbung der Felsen, in welche die Bauten gehauen sind. Wie die Lithographie deutlich zeigt, erheben sich die bedeutenden Überreste auf Terrassen über dem weiten Tal, die ursprünglich mit podiumsartigen Treppenkonstruktionen verbunden waren. Wie bereits erwähnt, mußte das Flußbett mit einer gepflasterten Straße überbaut werden. Die Ruinen zu beiden Seiten deuten darauf hin, daß diese Art von Dekumanus von einigen prunkvollen öffentlichen Gebäuden flankiert war. Auf der nördlichen Seite stehen die Reste eines gewaltigen Tempels, während auf der gegenüberliegenden Seite noch Spuren eines Portikus zu erkennen sind. Nicht weit davon entfernt, an der Mündung eines wenig Wasser führenden Baches in den Fluß, liegen die Überreste einer großen Terrasse, die zu einer Seite hin in einer Rundung endet. Roberts war der erste westliche Besucher, der die Erlaubnis für einen Aufenthalt in Petra erhielt, um sich eingehend mit den Denkmälern zu befassen. Er war auch der erste, der sie zu einer umfassenden bildlichen Darstellung verarbeitete. Die erste systematische archäologische Ausgrabung fand erst zwischen 1929 und 1935 statt.

Hauptzufahrt nach Petra

Abbildung 32

9. März 1839

Am 9. März besichtigte Roberts den Hauptzufahrtsweg nach Petra, den Sik, ein eindrucksvoller anderthalb Kilometer langer Hohlweg, der genau auf den Khazne-Tempel stößt. Der ständig in Schatten gehüllte Weg mit seinem düsteren, beklemmend anmutenden Reiz ist tief eingeschnitten in die schroffen Felswände von neunzig bis einhundertachtzig Metern Höhe, die sich an einigen Stellen zu berühren scheinen und den Blick zum Himmel nicht mehr freigeben. Der Fels ist gleichsam modelliert von der Erosion durch den Wind und einen kleinen Bach, der zur Zeit der sommerlichen Gewitter enorm anschwillt. Heute begegnen wir einem bescheidenen Wasserlauf unter freiem Himmel, der das Hervorsprießen einer dichten Flora begünstigt. In vergangener Zeit verlief er jedoch durch einen unterirdischen Kanal. Die Lithographie zeigt den Bogen, der einst in beachtlicher Höhe die Abhänge der Schlucht überspannte. Der untere in den Felsen gebaute Teil des Bogens hatte zwei tiefe Innennischen, in denen einst vielleicht Statuen der Schutzgötter von Petra standen. Auch wenn nicht mit Sicherheit gesagt werden kann, welche Funktion dieser kühnen Konstruktion ursprünglich zukam, brachten einige ins Tal gestürzte Reste eines Portals Roberts auf den Gedanken, daß es sich um eine Verteidigungsanlage der Stadt gehandelt haben könnte. Auch lange nachdem Petra nicht mehr bewohnt war, benutzten die arabischen Kaufleute noch oft die alte Wegstrecke. So begegnete dem Künstler, als er diese Ansicht zeichnete, auch eine etwa vierzig Kamele umfassende Karawane, die von Gaza kommend die Schlucht in Richtung Maan auf der Straße von Damaskus durchquerte. Der Bogen zerfiel im Jahre 1896.

Aus dem Tagebuch von David Roberts:

9. März - Wir haben den großartigen, eine Meile langen Eingang nach Petra erkundet, der sich zwischen den hohen Felsen hindurchwindet, die das Tal einkesseln und so steil sind, daß sie sich scheinbar berühren... Das war der eindrucksvolle Zufahrtsweg nach Petra, der noch heute von arabischen Beduinen benutzt wird.

David Roberts R.A.
Triumphal Arch crossing the Ravine leading to Petra.

Die Akropolis und der Qasr el-Bint Firaun

Abbildung 33

9. März 1839

Gleich hinter dem großen Theater verbreitert sich die Schlucht namens Sik zu einem weitläufigen, lichtdurchfluteten Tal. Dort standen einst allenthalben Wohnhäuser und Tempel, die jedoch durch die zerstörerischen Überschwemmungen des Flusses weitgehend verloren gegangen sind. In seiner Blütezeit muß Petra dreißig- bis vierzigtausend Einwohnern gezählt haben, von denen die meisten als Kaufleute tätig waren. In der Mitte des Tals erhebt sich an der Stelle der antiken Akropolis eine Anhöhe, die heute el-Habis genannt wird. An ihren Abhängen verlief eine Mauer, die zum Schutz der wichtigsten öffentlichen Gebäude errichtet worden war, deren Trümmer heute noch zu sehen sind. Die mächtigen Felsquader, welche die Lithographie auf der rechten Seite darstellt, gehören zum Triumphbogen in der Nähe eines gepflasterten Platzes, von dem nur spärliche Reste überdauert haben. Auf der Ostseite in Richtung Zitadelle lag der mächtige Bau Qasr el-Bint Firaun, d.h. "Kastell des Pharaos". Auch wenn die Anlage größtenteils verfallen ist und ihre genaue Funktion bislang nicht sicher bestimmt werden kann, kommt ihr große Bedeutung zu, wie aus der Gesamtanlage ersichtlich wird, welche wichtige Hinweise über diesen im antiken Petra errichteten Bau liefert. Da das gesamte Gebiet oft von Erdbeben heimgesucht wurde, sind lediglich die Felsbauten eindeutig zu bestimmen, während alles andere fast völlig zerstört wurde.
Die Fassade des Qasr el-Bint hatte einen Portikus mit vier Säulen und einen einzigen Eingang, der in einen geräumigen Saal führte. Von diesem ging über Stufen drei Nebengelasse ab. Die Tatsache, daß die Cella im hinteren Teil eine Art Naos bzw. ein "sancta sanctorum" aufwies, läßt vermuten, daß das sogenannte Kastell der Pharaonen in Wirklichkeit ein Heiligtum war. Die zweiunddreißig Meter hohe Fassade war unter anderem mit einem eleganten dorischen Fries verziert.

PETRA
March 4
Lower end of the Valley

Die Nekropole

Abbildung 34

9. März 1839

Die Felswände rings um den ganzen Stadtring wurden sowohl für Wohnhäuser als auch für Grabstätten genutzt. Die unter architektonischen Gesichtspunkten viel interessanteren Gräber wurden im Westen der eigentlichen Stadt ins massive Felsgestein des el-Khubtha gemeißelt. Die frühesten ins 3. Jahrhundert v.Chr. oder noch weiter zurückreichenden Felsgräber sind gewöhnlich rechtwinklige Vorbauten mit Zinnenkranz, die den ägyptischen und syrischen Einfluß erkennen lassen. Aus der hellenistischen und griechischen Zeit, die außergewöhnlichere Monumente hervorgebracht hat, stammen hingegen die geradezu barock zu nennenden mehrgeschossigen Fassaden, welche durch eine beliebige Abfolge von Dreiecks- und Rundgiebeln wie auch durch unterschiedliche bauliche Gliederungen gekennzeichnet sind. Diese wundervollen Fassaden, die minuziös in den Kalkstein gemeißelt wurden, weisen Ähnlichkeit auf mit der großartigen Architekturmalerei der zweiten pompejanischen Epoche. Wie in den berühmten Fresken läßt auch hier die Gliederung in den oberen Geschossen die Absicht erkennen, diese mit Hilfe einer raffinierten optischen Täuschung perspektivisch darzustellen. Im Innern sind die Grabmäler mit großen, in den Fels gehauenen Räumen ausgestaltet. Zum Modell der Anlage gehörte ein Vestibulum, das in kleinere Grabkammern führte.

Roberts machte in seinem Notizbuch auf einige Fälle aufmerksam, in denen frühere Wohnhäuser in Grabstätten umgewandelt wurden. Im linken Teil der Lithographie sind einige Gräber dargestellt, die zu den einzigartigsten Felsgräbern dieser Gegend zählen. Dabei handelt es sich um große monolithische Quader, die mit enormem Aufwand aus dem Felshang herausgemeißelt wurden.

Vor allem das Grab im Bildvordergrund erregte die Aufmerksamkeit des Künstlers, da der Sockel jeder Säule, die Kapitelle, der Architrav und die Kornische aus wertvollem Material, Gold oder Bronze, gearbeitet und dann am Felsen befestigt wurden. Da sie von einigen Dieben herausgeschlagen wurden, blieben nur noch die Vertiefungen zurück, die zur Befestigung dienten. Das Felsgrab im Bildhintergrund, das sich auch heute noch in gutem Erhaltungszustand befindet, schließt mit vier schlanken Pyramiden ab. Es sind die einzigen dieser Art, die in Petra überdauert haben.

Roberts besichtigte die Nekropolen am 9. März. Am darauffolgenden Tag herrschte rauhes Wetter, und es regnete ununterbrochen. Dennoch wollte der Engländer die Erkundung des Tals und der eindrucksvollen Ruinen unbeirrt fortsetzen.

Aus dem Tagebuch von David Roberts:

9. März - Die Nekropole erstreckt sich vom Haupteingang der Stadt bis zu den Wiesen. Einige der in den Fels gehauenen Gräber sind, auch wenn sie verfallen sind, nicht minder wunderbar. Vielen davon besitzen Säulengänge und Kolonnaden; die einzelnen Säulen sind in reinem dorischen Stil gearbeitet. Es scheint, als ob die Gräber heute als Verschläge für das Vieh genutzt würden.

DER BERG HOR UND DAS GRABMAL DES AARON

Abbildung 35

11. März 1839

Am Vormittag des 11. März, dem fünften Morgen seit der Ankunft in Petra, wurden die in den Zelten Schlafenden plötzlich durch das Geschrei von Dieben aufgeschreckt, die mit ein paar Pistolen und einer Tasche mit Patronen flohen. In Roberts kam nach längerem Nachdenken über den Vorfall immer stärker der Verdacht auf, dieser Überfall sei mit den lokalen Führern abgesprochen gewesen, die es in der Tat nicht erwarten konnten, den Rückweg anzutreten.
Um acht Uhr waren die Kamele gesattelt und kurz darauf machte sich die kleine Karawane in südöstlicher Richtung an den Aufstieg. Die Abhänge der Berge waren in unveränderter Manier terrassiert und die Form der Bauten unterschied sich in nichts von der in Petra. In Gipfelnähe standen einige Denkmäler, deren Funktion zweifelhaft zu deuten war.
Den Berg Hor ließ die Gruppe rechter Hand liegen und begann den Abstieg ins Haupttal.
Sie folgte einem steilen Pfad, der wie eine primitive Treppe in den Felsen gehauen war.
Zu Roberts' großem Bedauern konnte er nicht zum Grab Aarons aufsteigen, seine Schuhe waren zu stark abgenutzt.
Es ist also recht merkwürdig, daß diese Lithographie mit Datum vom 11. März 1839 den Gipfel des Berg Hor und das Grab von Moses ältestem Bruder darstellt, wie am Rand vermerkt wird. In Wirklichkeit gibt die Darstellung die Erhebung am Fuß des Berges wieder, der im Hintergrund gut zu erkennen ist. Auf dem Gipfel kann man denn auch eine rechteckige und ziemlich regelmäßige Form ausmachen, wahrscheinlich die Überreste des Grabmals. Der biblischen Überlieferung zufolge konnte sich Aaron beim Durchzug durch die Wüste dem murrenden Volk nicht widersetzen; er ließ ein goldenes Kalb bauen und ein Götzenopfer darbringen. Aus diesem Grund ließ Gott nicht zu, daß er das Gelobte Land betrat. So starb Aaron im Alter von hundertdreiundzwanzig Jahren auf dem Berg Hor.
Sein zuerst von den Kreuzfahrern und dann von den Mohammedanern restauriertes Grab wurde von christlichen und von mohammedanischen Pilgern gleichermaßen besucht.

Louis Haghe. Lith
Tomb of AARON. Summit. of Mount Hor. March 11th 1839.

Aus dem Tagebuch von David Roberts:

12. März - Heute morgen sind wir um sechs Uhr dreißig aufgebrochen in Richtung Hebron. Unterwegs sind wir auf ein arabisches Lager gestoßen mit riesigen Schaf- und Ziegenherden. Wir haben eine Ziege für zwei Shilling erworben.
13. März - Heute morgen sind wir um 7 Uhr aufgebrochen. Der Weg führte uns durch das Wadi El Ghor bzw. das Wadi el-Araba...

Das Lager im Wadi el-Araba

Abbildung 36

12.-13. März 1839

Selbst als sie die großartige Felsenstadt bereits mehrere Stunden hinter sich gelassen hatten, bemerkte Roberts, daß die Berghänge über etliche Kilometer hinweg Spuren von Terrassierungen aufwiesen.
Das war ein sicheres Zeichen dafür, daß einst das gesamte Gebiet intensiv bewirtschaftet worden war. Nach einer ruhigen Nacht wurden die Zelte im Morgengrauen abgeschlagen. Roberts und seine Begleiter zogen entlang des Wadi El Ghor - auch Wadi el-Araba genannt, in Richtung Hebron weiter. Dort stießen sie auf ein arabisches Lager, um das herum zahlreiche Schaf- und Ziegenherden weideten.
Die Beduinen erwiesen sich als überaus freundlich, und zahlreiche Frauen näherten sich den Fremden, um sie näher zu betrachten. Man kam überein, dort die Nacht zu verbringen, und die Zelte wurden an einer Stelle aufgeschlagen, wo die Kamele ausreichend Futter fanden.
Die von Kalksteinfelsen und schroffen Felswänden geprägte Landschaft schien von einem Hauch von Melancholie durchdrungen und wirkte dennoch in ihrer öden Wildheit atemberaubend. Am folgenden Tag, dem 13. März, erhoben sich Roberts und seine Begleiter in aller Frühe von ihren Lagern und ritten während mehrerer Stunden dem Flußlauf des Wadi entlang, bis sie sich einem von Binsengestrüpp umgebenen Brunnen näherten.
Das Wasser war allerdings abgestanden, und die Kamele verschmähten es und zogen weiter.
Gegen Mittag stieß die Karawane bis in die Hügellandschaft links vom Wadi vor und konnte sich schon bald an frischem Regenwasser erfrischen, das sich in einem kleinen zwischen Felsen versteckten Becken angesammelt hatte.

Die Ruinen von Semua

Abbildung 37

14.-15.-16. März 1839

Nachdem Roberts und seine Begleiter am 14. März am Fuße des Gebirges zwischen dem Wadi El Ghor und Judäa gefrühstückt hatten, begannen sie mit dem Aufstieg, der sich jedoch schon bald als äußerst mühselig und steil herausstellte, zumal sich der Weg streckenweise in eine Art Felsentreppe verwandelte. Auf dem Gipfel lagen einige Trümmer, die Roberts nicht mit Sicherheit als römisch oder sarazenisch bestimmen konnte. Nach Überquerung des Passes begann schließlich der Abstieg in ein freundliches grünes Tal mit vereinzelt wildwachsenden Blumen. Der Weg schlängelte sich dann abermals einen Hügel hinauf, dem ein Tal - dem ersten vergleichbar - folgte. Dort weideten zahlreiche Kamele, die einem arabischen Stamm gehörten. Roberts erstand ein wenig frische Milch, die ihm wie eine Köstlichkeit vorkam, nachdem er seinen Durst tagelang mit abgestandenem Wasser stillen mußte.

Nicht weit von dieser Stelle entfernt, lagen die Überreste eines Turms oder einer Festung, die am Saum eines tiefen Abgrunds errichtet worden war. Das Bauwerk schien von einem Erdbeben dem Boden gleichgemacht worden zu sein, und der Engländer konnte nicht herausfinden, aus welcher Zeit es stammte. Einst mußte das ganze Gebiet zwischen dem Wadi Musa und Hebron dicht bevölkert gewesen sein, doch Roberts hatte den Eindruck, daß unterdessen Felder und Dörfer weitgehend unwirtlich oder zumindest stark vernachlässigt waren. Auch die Siedlung von Semua, die in der Heiligen Schrift als blühender Ort beschrieben wird, schien zu einem armen Hirtendorf verkommen. Der Engländer kam am 16. März dorthin, kurz bevor er Hebron erblickte. Ein Großteil der Bevölkerung war bereits seit einigen Tagen fortgezogen und hatte die Herden mitgenommen. Die Leute waren auf der Suche nach neuen Weiden, wollten aber vor allem auch der von der ägyptischen Armee verhängten Wehrpflicht entgehen. In der bildlichen Darstellung scheint Semua strategisch günstig auf dem Gipfel einer Anhöhe zu liegen und wird von den imposanten Überresten eines Turms beherrscht, bei dem es sich möglicherweise um den Teil einer römischen Festung handelt.

Aus dem Tagebuch von David Roberts:

14. März - Nachdem wir am Fuße der Berge, die das Wadi El Ghor von Judäa trennen, gefrühstückt haben, sind wir den Pfad emporgestiegen, der so steil ist, daß er sich streckenweise in eine Felsentreppe verwandelt... Oberhalb einer tiefen Schlucht, in deren Grund ein Fluß fließt, befinden sich die Ruinen eines antiken Turms oder einer antiken Festung, die anscheinend infolge eines Erdbebens zerfallen ist.

HEBRON

Abbildung 38

16.-17.-18. März 1839

Hebron - inmitten einer Hügellandschaft im Herzen von Judäa gelegen - gehört wahrscheinlich zu den ältesten Städten der Welt. Es ist ein Ort mit einer reichen Vergangenheit und ein Zentrum kultischer Verehrung.
Innerhalb der mächtigen Stadtmauer aus herodianischer Zeit erhebt sich eine später in eine Moschee umgewandelte Kirche. Sie wurde um 1195 über der Höhle Machpela errichtet, in der sich die Grabstätten von Abraham, Isaak, Jakob und deren Ehefrauen Sara, Rebekka und Lea befinden.
Der jüdischen Tradition zufolge begründen gerade die Gräber der Patriarchen den Rechtsanspruch des jüdischen Volkes auf dieses Land. Nach der Bibel wurde Hebron sieben Jahre vor Tanis bzw. im 18. Jahrhundert v. Chr. gegründet.
Es ist auch jene Stadt, in deren Nähe die Eichen von Mamre liegen, wo sich Abraham niedergelassen hatte. Nach der Plünderung der Stadt durch Josua machte sie David, nachdem er zum König über das ganze Volk Israel wurde, zu seiner Residenz, in der Absalom einen Aufruhr entfesselte.
Rehabeam baute die Stadt zu einer Festung aus, die von den Römern im Jüdischen Krieg zerstört wurde. Die Kreuzfahrer gaben ihr den Namen "Praesidium ad sanctum Abraham" und machten sie im Jahr 1168 zur Bischofsstadt. Doch einundzwanzig Jahre später fiel die Stadt wieder an die Moslems. Unter der Herrschaft der Mamelucken waren die Juden für einige Zeit vor Verfolgungen sicher. Das florierende Glaskunstgewerbe, auf das Hebron bis heute stolz ist, soll von venezianischen Juden unmittelbar nach dem Ende der Kreuzzüge eingeführt worden sein.
David Roberts kam am 16. März nach Hebron und beschreibt es als eine von Sonnenlicht überflutete Stadt, deren Stille und Beschaulichkeit ihn an England erinnerte. Vor allem war der Engländer über das blühende Aussehen der Kinder überrascht, das sich von dem der gleichaltrigen Ägypter stark unterschied.
Die Gruppe war Gast in der einzigen christlichen Familie am Ort und brach am 18. in Richtung Gaza auf.
Nachdem der Engländer erfahren hatte, daß eine Pestepidemie ihm erneut den Zugang zu Jerusalem versperrte, beschloß er, gen Küste zu reisen und die weitere Entwicklung gelassen abzuwarten.

Aus dem Tagebuch von David Roberts:

16. März - Je näher wir Hebron kommen, desto mehr stoßen wir auf Höhenzüge, die mit Weinreben und Olivenbäumen bedeckt sind. Als wir aus einem Talhang heraustreten, taucht plötzlich vor unseren Augen Hebron auf...
17. März - Heute habe ich zwei farbige Zeichnungen von der Stadt angefertigt, aber ich habe keine Erlaubnis zur Besichtigung der Moschee erhalten, in der sich die Gräber von Abraham, Isaak und Jakob befinden...

Beit Jibrin. March 7th 1839.

Aus dem Tagebuch von David Roberts:

19. März - Nachdem wir am Morgen aufgebrochen sind, kamen wir an intensiv bebautem Ackerland vorbei. Etwa sechzehn Meilen von Hebron entfernt liegen die Überreste einer Burg und Trümmer von zahllosen römischen Säulen. In der Nähe befindet sich ein Dorf, das seinen Namen von den Ruinen erhalten hat; genannt wird es Beth Gebrin, "Haus des Gabriel"...

Beit Jibrin

Abbildung 39

19. März 1839

Nachdem Roberts am 18. in einem kleinen Dorf namens Terkumich übernachtet hatte, saß er am frühen Morgen des folgenden Tages erneut im Sattel. Etwa fünfundzwanzig Kilometer von Hebron entfernt, stieß die kleine Gruppe inmitten eines bewirtschafteten üppigen Feldes auf die Reste einer Kreuzritterburg und auf Trümmer aus römischer und byzantinischer Zeit. Es waren die letzten Zeugnisse von der Glanzzeit der antiken Stadt Eleutheropolis.
Die Stadt, die zunächst unter dem Namen Betogabra und dann als Beth Gebrin - das heißt "Haus des Gabriel" - bekannt war, erhielt 200 n.Chr. den Rang eines römischen Munizipiums namens Eleutheropolis, womit eine erhebliche Gebietserweiterung verbunden war. Im IV. Jahrhundert ist die Stadt als bedeutender Bischofssitz und Hauptort von Süd-Palästina bezeugt. Um 315 wurde dort der Bischof Epiphanios geboren, Verfasser zahlreicher Schriften, darunter Kompendien der christlichen Glaubenslehre. Als im Jahr 796 in diesem Gebiet ein blutiger Bürgerkrieg wütete, wurde die Stadt dem Erdboden gleichgemacht. Drei Jahrhunderte später errichteten die Kreuzfahrer dort eine Festung, um den vom benachbarten Askalon aus gestarteten Sarazenenangriffen standhalten zu können. In der Folge verlor dieser Ort an strategischer Bedeutung und sah seinem weiteren unaufhaltsamen Verfall entgegen. In der Neuzeit wurden in der Nähe des heutigen Beit Jibrin zahlreiche Überreste von Baudenkmälern sowie wertvolle Fußbodenmosaike aus byzantinischer Zeit entdeckt, die mit den in Palästina gefundenen Mosaiken vielleicht zu den schönsten überhaupt zählen. Seinen Aufzeichnungen zufolge bewunderte Roberts einige kostbare römische Säulen und die wuchtigen Fundamente einer Festungsanlage, aber auch herrliche uralte Olivenbäume, die unweit des kleinen arabischen Dorfes standen. Die Gruppe machte sich auf den Weg, und kurz vor Sonnenuntergang schlug sie ihr Lager in einem Ort namens Burier auf. An jenem Tag waren Roberts und seine Begleiter zehn Stunden lang geritten und nun etwa zwei Stunden Fußmarsch von Gaza entfernt. Es ist erwähnenswert, daß auch in diesem Fall das Datum am unteren Bildrand zweifelsohne als nicht authentisch anzusehen ist.

Gaza

Abbildung 40

20. März 1839

Die letzte Wegstrecke auf der Straße nach Gaza schlängelte sich durch ein üppiges Waldgebiet, unterbrochen von Kornfeldern und blühenden Olivenhainen. Vor Roberts' Augen erstreckte sich die Stadt in einer Ebene, drei Kilometer vom Meer entfernt, von diesem jedoch durch Sanddünen getrennt. Gazas große Vergangenheit war seit langem nur noch in der Erinnerung vorhanden. Auch wenn Gaza von weitem noch imposant aussah, machten die Einwohner einen recht ärmlichen Eindruck. In der Stadt selbst stand kein sehenswertes Bauwerk mehr. Der Großteil der Häuser und Moscheen schien aus älteren Mauerresten gebaut, und tatsächlich stachen aus dem Gemäuer zahlreiche Marmorspolien hervor. Einer ärmlichen Behausung schenkte Roberts besondere Aufmerksamkeit, denn das Dach ruhte auf mehreren prachtvollen Kapitellen aus römischer Zeit, die übereinander gestapelt waren. Gegenüber diesem ärmlichen Erscheinungsbild besaß die Stadt eine glanzvolle Vergangenheit, die von Reichtum und historisch bedeutsamen Ereignissen geprägt war. Als einstige Hauptstadt eines Philisterstaates und bedeutendes Handelszentrum sowie als Schauplatz der sagenumwobenen Taten Samsons wurde Gaza von Ezechiel erstürmt und dann mehrfach von Ägyptern, Assyrern, Chaldäern und Persern besetzt, im Jahr 332 v. Chr. von Alexander d. Gr., dann von Tolomeus I. erobert, bis es schließlich unter römischer Herrschaft zum Handelszentrum ausgebaut wurde. Nach der Besetzung durch die Kreuzfahrer im Jahr 1100 wechselten sich Sieg und Niederlage ab. Im Jahr 1516 wurden die Mamelucken von den Türken niedergeworfen und Gaza 1799 von Napoleon erobert.
Gaza zählte bei Roberts Ankunft um die fünfzehntausend Einwohner, darunter fünfhundert Christen, deren Zahl sich bis heute mehr als verdreifacht hat.
Die strategisch günstige Lage der Stadt bestimmt auch weiterhin ihr Schicksal sowie eine komplexe und widersprüchliche Entwicklung.
Die auf der bildlichen Darstellung gut erkennbaren Truppen bestanden aus zwei Regimentern von Dragonern und ägyptischen Lanzenreitern, die nach europäischer Manier ausgerüstet und bewaffnet waren und sich auf dem Weg von Gaza nach Sidon befanden.

Aus dem Tagebuch von David Roberts:

20. März - Ausgedehnte Waldstücke durchquerend nähern wir uns Gaza. Die Stadt liegt auf einer Anhöhe, zwei Meilen über dem Meer, von dem es durch eine Sanddüne getrennt ist. Sein alter Glanz ist vollständig verblaßt. Die Einwohner sind erschreckend arm, und es gibt nicht einmal Ruinen von irgendeinem bedeutenderen Gebäude...

Askelon
D Roberts R.A

ASKALON

Abbildung 41

21.-22.-23. März 1839

Am 21. März und an den zwei darauffolgenden Tagen legten Roberts und seine Begleiter eine Pause ein und warteten auf neue Kamele, um ihre Reise fortzusetzen. Trotz langen Ausharrens und zermürbender Verhandlungen konnte Roberts nur fünf von neun benötigten Tieren beschaffen. Am 23. März war der Engländer, auch diesmal als Türke gekleidet, wieder auf Reisen. Am späten Nachmittag machte er Rast in einem kleinen Dorf namens Burbah, nicht weit von der einst glanzvollen Stadt Askalon entfernt, dem Schauplatz der Liebe zwischen Samson und Dalila. Der griechischen Mythologie zufolge wurde der ehemalige Hauptort der Philister von Askalus, Sohn des Imeneus, zur Zeit der Eroberung Syriens gegründet. Von Askalon berichten altägyptische Urkunden zur gleichen Zeit von dortigen Aufständen unter der Pharaonen-Herrschaft. Außerdem vermittelt die Heilige Schrift eine Vorstellung von dieser Stadt. Sie erzählt von politischen Ereignissen und den Früchten des Bodens, dem Wein und den Schalotten, einer Art Zwiebel, die nach dieser Stadt benannt ist. Nach Josuas Tod fiel Askalon an die Juden. Als das Reich Alexander d. Gr. untergegangen war, kam die Stadt zum ägyptischen Reich. Sie entwickelte sich später zum kultischen Zentrum der Fruchtbarkeitsgöttin Astartes und wurde dem Reich der Syrer einverleibt. Im frühen Christentum war sie Bischofssitz und auch noch unter arabischer Herrschaft eine blühende Stadt. Während der Kreuzzüge wurden dort heftige Kämpfe ausgetragen. Saladin zerstörte Askalon. Richard Löwenherz baute die Stadt wieder auf, doch wurde sie kurz darauf völlig aufgegeben. Heute werden in diesem Gebiet wichtige archäologische Ausgrabungen unternommen, welche Reste alter Kulturen bis hin zur Römerzeit zutage gebracht haben.
Wie Roberts berichtete, traf er auf eine stark verfallene Stadt: Die Festungen waren nur noch Trümmerhaufen, die Hafenanlagen fast völlig verschwunden, und die ganze Umgebung wirkte trostlos. Das einzig Bemerkenswerte erschienen ihm die Reste eines korinthischen Tempels: Vorhanden waren noch die Säulen in situ und die wuchtige Marmorskulptur einer Frau. Nicht weit davon entfernt erhob sich eine antike christliche Kirche mit zahlreichen griechischen Stilelementen, darunter einige Kapitelle, die ein mit einem Lorbeerkranz verziertes Kreuz trugen.

Aus dem Tagebuch von David Roberts:

21.,22.,23. und 24. März - Der Hafen wurde weggespült, und die Stadt ist fast vollkommen ausgestorben. Ibrahim Pascha hat die alten Ruinen als Steinbruch für den Aufbau einer modernen Stadt benutzt...

Ashdod — March 24. 1839

ASHDOD

Abbildung 42

24. März 1839

Ashdod, heute einer der wichtigsten Handelshäfen Israels, liegt vierzig Kilometer nördlich von Askalon, unweit von Jaffa. David Roberts traf dort am 24. März ein. Auf den ersten Blick machte die Stadt auf ihn einen ärmlichen Eindruck. Daran konnte auch die günstige Lage inmitten fruchtbarer Felder nichts ändern. Da die Stadt direkt an der Küstenstraße gelegen war, sah Roberts allerdings eine bessere Zukunft voraus. Ashdod gehörte einst dem Fünfstädtebund der Philister an und war auch der Ort, an den die Bundeslade nach der Niederlage der Juden als Kriegsbeute verbracht wurde. Man deponierte sie im Tempel von Dagon, einer heidnischen Gottheit in Gestalt eines Triton. Mehrfach erwies die Lade ihre wundersame Kraft: Das dortige Götzenbild verlor - wie die Priester konstatierten - seine magische Wirkung; schließlich wurde die ganze Bevölkerung von einer schrecklichen Krankheit heimgesucht. Die Bundeslade brachte man daraufhin ins Dorf Gath und schließlich nach Ekron. Da sich die Pest jedoch weiter ausbreitete, wurde beschlossen, die Lade den Juden zurückzugeben. Das wichtigste religiöse Symbol seines Reiches brachte David daraufhin nach Jerusalem.

JAFFA, ANSICHT VON NORDEN

Abbildung 43

25. März 1839

Bei Morgengrauen schlugen Roberts und seine Begleiter das Lager ab und zogen durch eine freundliche Stadt namens Ibrach. Sie näherten sich Jaffa, das auf einer Erhebung vor dem Küstenstreifen zwischen Orangenbäumen vor ihnen lag. Roberts bewunderte die herrliche Lage der einst als Joppe bekannten Stadt: In südlicher Richtung erblickte er die üppige Talebene, die bis nach Gaza reichte, im Norden war der Blick vom Karmelberg begrenzt, gen Osten erstreckte sich die Hügellandschaft Judäas in Richtung Jerusalem, während sich der Blick nach Westen im Mittelmeer verlor. Einen krassen Gegensatz zu dieser wundervollen Landschaft bildeten die engen Gassen der Stadt, von denen er enttäuscht war: Zu viele Pestepidemien hatten die Umgebung verwüstet, und in weißen heruntergekommenen Hütten voller Staub hausten auf engstem Raum nicht einmal fünftausend Einwohner. Nur von weitem hatte die Stadt ihr eindrucksvolles Aussehen bewahrt.
Der semitischen Tradition zufolge wurde Jaffa von Jafet, dem Sohn Noahs, gegründet, den Griechen galt eine Tochter Eolus' als Gründerin der Stadt. Hier soll Noah die Arche gebaut haben, Andromeda dem Meeresungeheuer begegnet sein und Perseus seine Wunden gewaschen haben, die er beim Kampf gegen die Zentauren davongetragen hatte. Belegt ist Joppe allerdings als Stadt der Philister, die im 2. Jahrhundert v.Chr. von Judas Makkabeus in Brand gesetzt und von Vespasian zerstört wurde.
Die Araber nahmen die Stadt im Jahr 637 ein, die schließlich zweimal von Kreuzfahrern erobert wurde. Danach wurde sie vom Sultan Baibars erstürmt und im Jahr 1267 dem Erdboden gleichgemacht. Fünf Jahrhunderte später ging ihr Name erneut in die Geschichte ein, als Napoleon die Stadt stürmte. Als Roberts seine Reise unternahm, war Jaffa sieben Jahre zuvor von Ibrahim, Sohn Mohammed Alis und Pascha von Ägypten, eingenommen worden. Das heutige Jaffa, das mit Tel Aviv zu einer Metropole zusammengewachsen ist, präsentiert sich als ein belebtes Handelszentrum, weltweit bekannt wegen seiner Obst- und Gemüseexporte.
Bei den Personen im Bildvordergrund der Lithographie handelt es sich um polnische Juden, die von ihrer Pilgerreise nach Jerusalem zurückkehren und sich nach Europa einschiffen wollen.

Aus dem Tagebuch von David Roberts:

25. März - Nachdem wir das Lager mit dem ersten Tageslicht verlassen haben, kamen wir an einem herrlichen Städtchen namens Ibrech vorbei; später erreichten wir Jaffa, das von Orangenplantagen umgeben ist und auf einem zum Meer hin abfallenden Hügel liegt.

Aus dem Tagebuch von David Roberts:

26. März - Ich habe die Stadt aufmerksam erkundet, aber nur sehr wenige antike Überreste entdeckt.

Jaffa, Ansicht von Süden

Abbildung 44

25. März 1839

Am Morgen des 26. März verabschiedete sich Roberts von Kinnear, der in Richtung Beirut weiterzog. Später wurde der englische Künstler vom Konsul zu einem Empfang gebeten. Man rauchte Pfeife, unterhielt sich angenehm und pflegte einen höflichen Umgangston. An diesem Tag war Roberts durch die ganze Stadt gestreift, ohne auf alte Denkmäler zu stoßen. Jaffa präsentierte sich allenthalben als malerische imposante Stadt, die auf einem steil ins Meer abfallenden Felsvorsprung lag. Wie diese Stadtansicht von Norden deutlich macht, konnten wegen der spezifischen Geländestruktur sämtliche Gebäude auf einen Blick erfaßt werden. Die zum Teil mächtigen Bauten standen auf unterschiedlich hohen Terrassen, und die Wege waren über weite Strecken als Stufen gepflastert. All das machte die Stadt noch reizvoller. Roberts vermißte lediglich Bäume und Grünflächen, die für die anderen großen Städte des Nahen Ostens so charakteristisch waren.

Ramla, das antike Arimatea

Abbildung 45

Roberts brach am 27. März um zehn Uhr in der Früh auf. Ihn begleiteten sein Freund John Pell, der Führer Ishmael und drei Diener. Zur Karawane gehörten außerdem acht Pferde, welche die Zelte und das übrige Gepäck trugen. Die Straße führte zunächst vorbei an Gärten und Obstplantagen, welche die Stadt umgaben, und durchquerte dann

die intensiv bewirtschaftete Ebene Sharon. Der Engländer hatte noch nie zuvor eine so schöne blühende Landschaft gesehen, die hie und da von kleinen Dörfern und Palmen durchsetzt war. Die Reisenden erreichten gegen drei Uhr nachmittags Ramla. Dort wurden sie vom Vorsteher des lateinischen Klosters freudig empfangen. Dieser begleitete Roberts später auf seinem Rundgang durch das Dorf und zu den historischen Denkmälern. Vor allem die Große Moschee weckte die Aufmerksamkeit des Engländers, bei der es sich um die einstige Kreuzfahrerkirche St. Johannes handeln soll.
Im Grundriß glaubte er sarazenische Einflüsse zu erkennen, obwohl unterirdisch noch römische Reste erhalten waren.
Die auch heute noch orientalisch anmutende Stadt Ramla wurde um 716 von den Arabern gegründet. Zur Zeit der Kreuzzüge wurde sie mehrfach zum Schlachtfeld und abwechselnd von Christen und Ägyptern eingenommen. Richard Löwenherz machte Ramla zu seinem Hauptsitz, während es 1297 endgültig an Ägypten fiel. Seine Blütezeit erlebte es unter türkischer Herrschaft und war nicht vom allgemeinen Niedergang der übrigen Städte der Region betroffen, da es verkehrsgünstig an der großen Karawanenverbindung von Damaskus nach Ägypten lag.

In Ramla, das im Arabischen "Sand" bedeutet, leben heute Einwanderer vom Balkan und eine große arabische Gemeinschaft. Sehenswert sind außerdem die Weiße Moschee, der sogenannte Turm der Vierzig, die bereits genannte Große Moschee, die auf den Resten einer Kreuzfahrerkirche errichtet wurde und eine interessante unterirdische Zisternenanlage aus dem 9. Jahrhundert.

27.-28. März 1839

Aus dem Tagebuch von David Roberts:

27. März - Um zehn Uhr in der Früh sind wir von Jaffa nach Jerusalem aufgebrochen. Die Straße durchquert die Plantagen, die Jaffa umgeben, und führt quer durch die Ebene von Sharon an intensiv bewirtschaftetem Ackerland vorbei... Hinter dem Horizont liegt die Heilige Stadt, doch das Gebirge von Judäa versperrt den Blick. Gegen drei Uhr sind wir in Ramla angekommen, wo wir vom Vorsteher des lateinischen Klosters freundlich aufgenommen wurden...

LOD, DAS ALTE LYDDA

Abbildung 46

28. März 1839

Den Abend des 27. März verbrachte Roberts in Gesellschaft der Klostermönche, die sich als fröhliche Gastgeber erwiesen. Am folgenden Tag hatte der Engländer Gelegenheit, das benachbarte Lod aufzusuchen. Die früher unter dem Namen Lydda bekannte Stadt ist der Geburtsort des Hl. Georg. Im Altertum hatte sich der belebte Hauptort, der bereits um 1500 v. Chr. in Dokumenten der Pharaonen bezeugt ist, zu einem bedeutenden Verkehrsknotenpunkt und Handelsplatz entwickelt. Später wurde Lydda politisch mit Samaria vereint, schließlich auch mit Judäa, als es am Aufstand gegen die Römer teilnahm. Nach der Zerstörung durch Vespasian und Hadrian wurde die Stadt wiederaufgebaut und erhielt unter Septimius Severus den offiziellen Namen "Diospolis", d.h. Gottesstadt. Als eine der ersten christlichen Gemeinden wurde sie unter Konstantin Bischofssitz, verlor aber ihre Bedeutung mit dem zunehmenden Aufblühen von Ramla. Nachdem die Kreuzfahrer die Stadt erobert hatten, errichteten sie dort eine dem Hl. Georg geweihte romanische Kirche, deren Reste Roberts stark beeindruckten. Saladin zerstörte die Kirche, Richard Löwenherz baute sie wieder auf. Die 1271 von den Mongolen geplünderte Stadt verlor bis zur modernen Neugründung zunehmend an Bedeutung. Der israelische Dichter, Abraham Shlonski, beschrieb sie als "Stadt des Buches, Oase des Friedens und der Wachtürme". Als Roberts die letzten Hügel Judäas hinter sich gelassen hatte, lag die Heilige Stadt vor seinen Augen; das Lager für die Nacht schlug er unweit ihrer Mauern auf. Der Engländer vermerkt in seinem Reisetagebuch, daß um ihn herum eine absolute Stille eingekehrt war, die nur durch entferntes Hundegebell und den Ruf einer auf dem Gemäuer kauernden Eule unterbrochen wurde. Auch in diesem Fall ist das am unteren Rand der Darstellung vermerkte Datum wahrscheinlich um einen Tag vorzudatieren.

March 29th 1839
David Roberts R.A

Jerusalem und die Pilgerreise zum Jordan

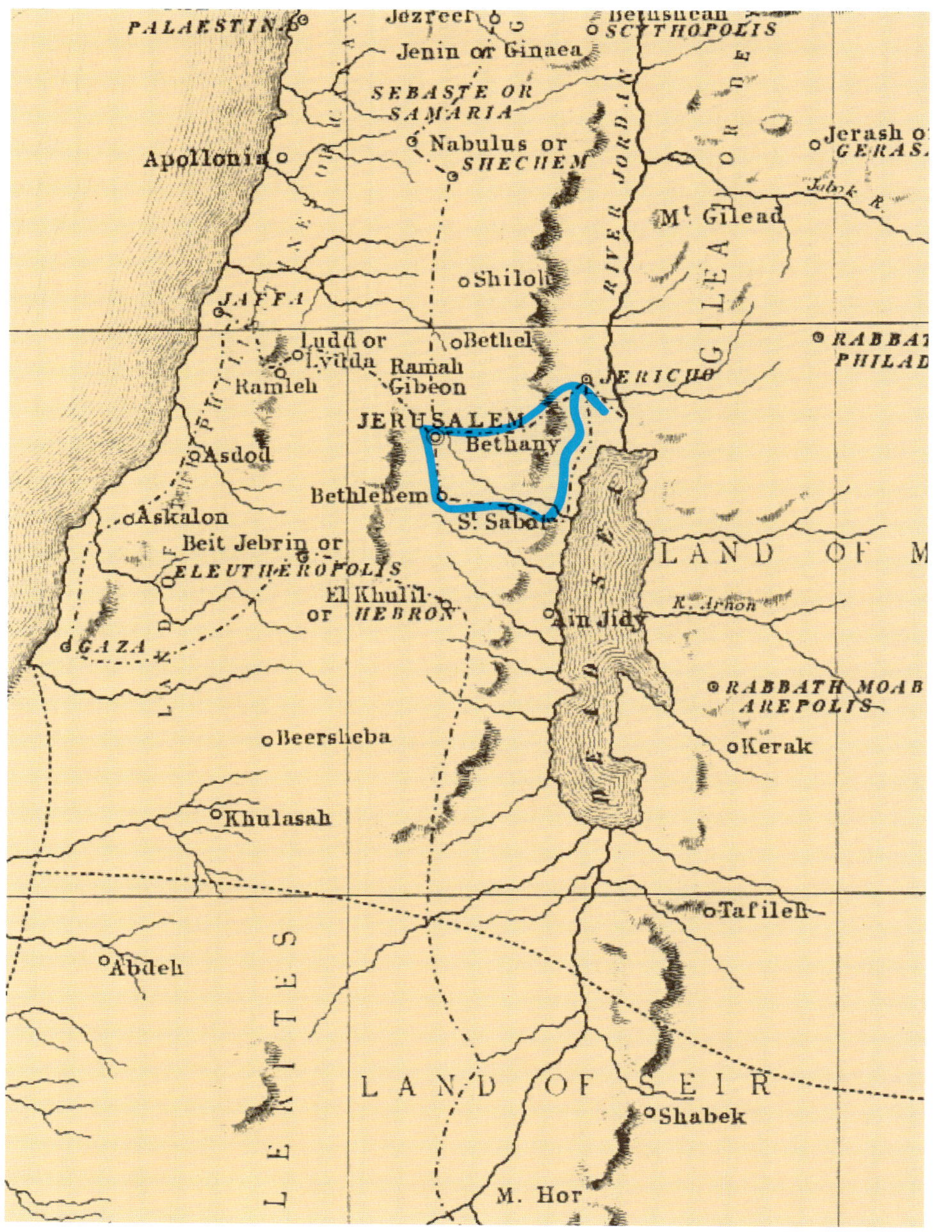

29. März-15. April 1839

David Roberts. R.A

THE

HOLY LAND

Syria, Idumea, Arabia, Egypt, & Nubia.

FROM DRAWINGS MADE ON THE SPOT BY

David Roberts, R.A.

WITH HISTORICAL DESCRIPTIONS, BY

THE REVD GEORGE CROLY. L.L.D.

LITHOGRAPHED BY

L O U I S   H A G H E .

VOL I.

LONDON, F. G. MOON, 20 THREADNEEDLE STREET,

PUBLISHER IN ORDINARY TO HER MAJESTY.

MDCCCXLII.

Die Zitadelle von Jerusalem

Abbildung 47

29. März 1839

Am Morgen des 29. März, Karfreitag, wurde die Quarantäne aufgehoben, und Roberts konnte endlich Jerusalem betreten. Die gesamte Bevölkerung war in festlicher Stimmung, und viele Menschen strömten aus den Toren der Stadt. Umgeben von Trommelgerassel und bunten Fahnen marschierten Gruppen von Soldaten vorweg, während Männer, Frauen und Kinder ihnen in Feststimmung folgten. Allenthalben strömten Pilger herbei, die für die Osterfesttage nach Jerusalem gekommen waren. So hatten Roberts und seine Begleiter nicht geringe Mühe, eine Unterkunft zu finden. Glücklicherweise stießen sie auf Elia, das Oberhaupt einer christlichen Familie, bei der sie bereits in Hebron Unterschlupf gefunden hatten. Er verhalf ihnen dazu, im Haus seines Schwagers, einem Griechisch-Orthodoxen, unterzukommen. Am Vormittag schritt die kleine Gruppe die Umfassungsmauer der Stadt ab vom Damaskustor bis zum Berg Zion. Die nebenstehende Darstellung, auf der die Zitadelle von Jerusalem abgebildet ist, bezieht sich wahrscheinlich auf Beobachtungen, die der Künstler auf diesem ersten Rundgang gemacht hat. Die mächtige Befestigungsanlage liegt rechts vom Jaffator und wird außen von einem tiefen Graben umgeben. An dieser Stelle hatte Herodes um 24 v.Chr. drei Türme zur Verteidigung seines Palastes errichten lassen. Nachdem Titus zunächst vergeblich die Zerstörung dieser Türme versucht hatte, wurden sie in Unterkünfte für die Zwölfte Legion umgewandelt.

In byzantinischer Zeit suchten Einsiedler in der Zitadelle Zuflucht. Nachdem Kreuzfahrer die Festung wiederaufgebaut und dort Truppen stationiert hatten, wurde sie nochmals im Jahr 1239 von den Mamelucken zerstört und blieb bis 1335 ein Trümmerhaufen. In jenem Jahr nahmen Türken den Wiederaufbau vor und errichteten über dem Hauptturm - bis heute der älteste Teil der Anlage - eines ihrer charakteristischen Minarette, heute als Davids-Turm bekannt. Dort befindet sich heute das Jerusalemer Stadtmuseum, das die einzelnen Epochen der Stadtgeschichte veranschaulicht. Abends werden eindrucksvolle Licht- und Tonspiele veranstaltet.

Aus dem Tagebuch von David Roberts:

29. März, Karfreitag - "Man kommt besser glücklich auf die Welt als reich" lautet ein Sprichwort, das auf mich zutrifft. Heute Morgen wurde die Quarantäne aufgehoben... Ich bin die Umfassungsmauer der Stadt in Richtung Norden entlanggelaufen, und zwar vom Damaskustor bis zum Berg Zion, wo sich das Grab Davids befindet...

Nachdem wir unser Quartier bezogen hatten, haben wir verschiedene interessante Plätze besichtigt, unter anderem die Omar-Moschee, die nahe beim Teich Bethesda errichtet wurde, sowie das Heilige Grab, das über eine Reihe enger Gassen erreicht wird, wobei die letzte in einen Vorplatz mündet ...

Das Eingangstor zur Zitadelle

Abbildung 48

29. März 1839

Die Mauern von Jerusalem, in deren westlichem Teil sich die Zitadelle erhebt, zeugen von einer äußerst vielschichtigen Geschichte und spiegeln die Kriegsereignisse der letzten Jahrhunderte wider. Der jetzige, etwa dreieinhalb Kilometer lange Mauerring ist mit Sicherheit kleiner als die Umfassungsmauer der Stadt Zion vor der zweiten Tempelzerstörung durch Titus. Selbst die von Hadrian auf den Trümmern der jüdischen Ortschaft gegründete Aelia Capitolina bedeckte nur eine begrenzte Fläche. Wahrscheinlich bewahrten die hadrianischen Mauern ihre Funktion bis zur Zeit der Kreuzzüge, auch wenn die Stadt damals bereits weit über ihren Mauerring hinausgewachsen war. Der Zahn der Zeit hatte allerdings am Gemäuer genagt und mangelnde Sorgfalt zu einem ruinösen Zustand geführt. Erst im Jahr 1158 wurde es weitgehend wiederhergestellt. Neun Jahre später gelang es Saladin, den Widerstand der Verteidiger zu brechen und die Stadt einzunehmen. Der Eroberer fürchtete allerdings einen Rachefeldzug von Richard Löwenherz und machte sich unermüdlich daran, die Mauern zu verstärken und wo erforderlich von Grund auf zu erneuern. Nach sechsmonatiger harter Arbeit, bei der Saladin häufig selbst Hand angelegt hat, schien Jerusalem eine uneinnehmbare Stadt geworden zu sein. Gleichwohl fürchtete der Sultan von Damaskus, Melek, die Christen könnten erneut die Stadt einnehmen und zu ihrem Stützpunkt machen. Er ordnete daraufhin im Jahr 1219 an, den gesamten Mauerring bis auf die Zitadelle und die Mauern des Tempelbezirks niederzureißen. Der im Jahr 1229 unterzeichnete Vertrag, der Jerusalem kampflos Friedrich II. überließ, sah vor, daß der Wall nicht wiederaufgebaut werden sollte. Zehn Jahre später fühlten sich die neuen Herren der Stadt bedroht und befestigten erneut die Zitadelle. Unter den Bauleuten waren auch pisanische Handwerker. Doch die neue Verteidigungsanlage hielt dem entschlossenen Angriff des Emir Kerek nicht stand, der die Lateiner niedermetzelte und die gesamte Festungsanlage niederreißen ließ. Durch einen neuen Vertrag kam Jerusalem 1243 an die Christen zurück, die sich sogleich an den Wiederaufbau der Mauer machten. Im folgenden Jahr verloren die Kreuzfahrer endgültig die Heilige Stadt an die Muslime. Erst im Jahr 1542 wurde der Mauerring - diesmal dauerhaft - wiederaufgebaut. Dieses noch heute erhaltene Bauwerk enthält zahlreiche Spolien. Unter ihnen finden sich römische Stücke und auch solche, die aus der Zeit Salomos stammen könnten.

Golden Gate of the Temple
Shewing part

Das Goldene Tor

Abbildung 49

29. März 1839

Die östliche Mauer der Stadt, an deren Fuß ein moslemischer Friedhof liegt, wird unterbrochen vom eleganten Vorbau des Goldenen Tores, das Roberts auf seinem Rundgang bewundern konnte. Die auf einer Bodenwelle errichtete Befestigungsanlage wurde während der byzantinischen Herrschaft auf den Ruinen eines römischen Turms aus hadrianischer Zeit errichtet. Der untere Teil des Gemäuers und die Gewölbe des Doppelbogens scheinen zur ursprünglichen Bausubstanz zu gehören, die im Laufe der Jahrhunderte mehrfache Änderungen erfahren hat. Die Kreuzfahrer erweiterten und verschönerten sie während ihrer Herrschaft über Jerusalem. Schließlich ließ Sultan Suleiman sie im 16. Jahrhundert wiederherstellen und bezog sie in den noch heute existierenden Mauerring der Altstadt ein. Das Goldene Tor, auch bekannt als Tor der Barmherzigkeit, wurde bereits zur Zeit der Kreuzfahrer errichtet. Es wurde nur einmal im Jahr an Palmsonntag geöffnet, denn der Überlieferung zufolge hatte Jesus durch eben dieses Tor Einzug in den Tempel gehalten. Im Jahr 1530 wurde es dann endgültig von den Moslems vermauert, die dort lange Zeit eine Wache postierten. Sie fürchteten nämlich, die Prophezeiung - der neue König von Jerusalem und der Welt werde durch dieses Tor schreiten - könne sich bewahrheiten. Auch heute glauben noch viele, das Goldene Tor werde erst dann wieder auf wundersame Weise geöffnet, wenn der Messias erneut in die Stadt Davids einziehe.

Mosque of Omar Shewing the Site

Die Omar-Moschee

Abbildung 50

29. März 1839

Nachdem sich Roberts in der neuen Unterkunft eingerichtet hatte, unternahm er seine erste umfassende Stadtbesichtigung und begab sich zu den Sehenswürdigkeiten, die ihn am meisten interessierten. Dazu gehörte zweifellos die berühmte Omar-Moschee, die vom Berg Moriah herab das Stadtbild Jerusalems beherrscht. Im Bereich dieses heiligen Bezirks stand ein zweiter Tempel, den Titus niederreißen ließ. An dieser Stelle errichtete auch Kalif Omar zum Zeichen der Frömmigkeit eine kleine Holzmoschee. Der Tempelberg zählt zu den heiligen Stätten des Islam, den Mohammed in einer nächtlichen Reise von Mekka aus aufgesucht hatte. Auf dem Tempelberg begab er sich auf jenen heiligen Felsen, auf dem der biblischen Überlieferung zufolge Abraham sich anschickte, seinen Sohn Isaak zu opfern, woran ihn ein Engel aber hinderte. In der Erzählung wird die Abstammung des Propheten von Abraham bekräftigt. Die Omar-Moschee, auch bekannt als Felsendom, die um 699 vom Kalifen Abd al-Melik wiederaufgebaut wurde, gehört zu den meistverehrten Stätten des Islam: Die prachtvolle vergoldete Kuppel überwölbt den Felsen Abrahams, auf dem ein Fußabdruck jene Stelle markiert, von der aus Mohammed zum Himmel auffuhr. Die Omar-Moschee, ein Meisterwerk arabischer Kunst, erstrahlt in Gold und Keramik: Bunte Majolikatafeln und Koraninschriften verzieren den oberen Teil des Bauwerks, während der oktogonale untere Teil mit pastellfarbenen Marmorkassetten bedeckt ist. Bei den Personen im Vordergrund der Darstellung von David Roberts handelt es sich um christliche Griechen, die nach Jerusalem gepilgert sind und zum Heiligen Grab hingewandt beten. Die Terrasse, auf der sie abgebildet sind, befindet sich vor der St.-Anna-Kirche, während hinter ihnen am Ende der Schlucht der Teich Bethesda zu sehen ist.

Das Heilige Grab

Abbildung 51

Gleich nach seiner Ankunft in Jerusalem wurde David Roberts herzlich vom Gouverneur der Stadt, Achmet Aga, empfangen, dessen Sitz sich an der einstigen Stelle des Herodes-Palastes erhob. Hier begann auch die "Via Dolorosa", die sich zum Heiligen Grab hinaufwindet. Entlang des Weges befinden sich die einzelnen "Stationen", die den Berichten der Bibel entsprechend den Aufstieg nach Golgotha und die Kreuzigung Jesu wiedergeben. Als Roberts sich durch die engen Gassen der Altstadt schlängelte, hatte er trotz der unbestrittenen Bedeutung dieses Kreuzweges den Eindruck, die Erwartungen der Pilger könnten ob des schlichten, wenig imposant wirkenden Heiligen Grabes enttäuscht werden. Im Umfeld des Bauwerks standen ärmliche und zumeist verfallene Häuser; als Roberts seine Reise unternahm, wurde der Vorplatz augenscheinlich als Basar genutzt und ein blühender Handel mit Heiligenbildern und Reliquien betrieben. Wie der englische Künstler in seinem Tagebuch anmerkte, konnte er am Heiligen Grab, bis auf die Fassade, nichts Bemerkenswertes entdecken. Von außen weist die Kirche eine bunte Mischung verschiedener Baustile auf. Trotzdem gehört das Heilige Grab nach wie vor zu den wichtigsten Kultstätten Jerusalems und der christlichen Welt: Über Jahrhunderte hinweg zog es fromme Pilger unterschiedlicher

Konfessionen an, die hier in ihrem Glauben bestärkt wurden und sich zum gemeinsamen Gebet versammelten. Die Gründung der Kirche im Jahr 326 n.Chr. wird traditionell Kaiserin Helena, der Mutter Konstantins, zugeschrieben, die glaubte, dort Golgotha ausfindig gemacht zu haben. Das ursprüngliche Gebäude wurde im Jahr 614 zerstört. Der erhaltene Bau stammt in seiner Substanz aus der Kreuzfahrerzeit; nach einem Brand im Jahre 1808 haben allerdings griechische Mönche erhebliche bauliche Veränderungen vorgenommen. Im Innern der Kirche erhebt sich über dem Grab Christi eine Rotunde und nicht weit davon entfernt wurde an dem Ort eine Kapelle errichtet, an dem Maria das leere Grab entdeckt hatte.

29. März 1839

Stone of Unction.
Holy Sepulchre.

DER SALBSTEIN

Abbildung 52

30. März 1839

Die meisten Heiligtümer des Christentums werden auch von anderen Religionen verehrt. Zwischen den einzelnen Konfessionen war es in der Vergangenheit freilich immer wieder zu Kompetenzstreitigkeiten gekommen. Heute scheint sich zunehmend ein ökumenisches Bewußtsein herauszubilden.
Die durch mehrere Baustile geprägte Grabeskirche wird derzeit von Franziskanermönchen verwaltet, die teilweise von Griechisch-Orthodoxen, Kopten und Armeniern unterstützt werden. Jede christliche Gemeinschaft betreut ihre eigene Kapelle und ihre eigenen Altäre, wobei die Messen nach einem genauen Plan zeitversetzt abgehalten werden. Jede Konfession ist für die in ihrem Bereich ausgeführten Renovierungsarbeiten verantwortlich. Aus diesem unterdessen komplementären Zusammenwirken ganz verschiedener Religionen erwachsen Formen der Liturgie, die einzigartig in der Welt sind. Schon unter der türkischen Herrschaft wurden solche Formen einer toleranten Koexistenz gefördert, die ohne ein friedliches Zusammenleben verschiedener Volksgruppen nicht möglich ist. Die Türken, die eine gemäßigte Religionspolitik praktizierten und von den zahlreichen christlichen Pilgern auch wirtschaftlich profitieren wollten, hatten zu keiner Zeit Gottesdienste und den Zugang zum Heiligen Grab verboten. Daher konnte auch Roberts ungestört die Basilika besichtigen, in der er mit guter Beobachtungsgabe unter anderem die Glaubensbekenntnisse auf dem Salbstein zeichnete. Die schlichte weiße Marmorfliese schützt eine darunterliegende rosafarbene Kalksteinplatte. Der Tradition zufolge ruht darunter der vom Kreuz abgenommene Leib Christi, der vor der Bestattung von Joseph von Arimatea und Nikodemus mit Myrrhe und Aloe besprengt und von der Jungfrau Maria mit Tränen bedeckt worden war.
Noch heute ist der Stein von zahllosen Öllampen beleuchtet; ihn zieren Silberkandelaber, von denen zumindest die modernen weitaus bescheidener ausfallen als jene von Roberts gezeichneten Kandelaber von zwei Meter Höhe. Bei den in der Lithographie dargestellten Leuchtern handelt es sich um Stiftungen griechischer, lateinischer und armenischer Klöster, deren Mönche damals im Wechsel die Kirche verwalteten.
Aus dem Reisetagebuch erfahren wir, daß an jenem Samstag, dem 30. März, der Gouverneur von Jerusalem Roberts in die oberen Stockwerke seines Palastes gebeten hatte, damit er von dort aus Stadtansichten fertigen konnte.

Die Königsgräber

Abbildung 53

31. März 1839

Nachdem Roberts am Palmsonntag an der von einem griechischen Erzbischof angeführten Prozession zum Heiligen Grab teilgenommen hatte, besichtigte er zum erstenmal das Josaphattal, in dem sich, unweit vom Damaskustor, die sogenannten Königsgräber befinden.
Die eigentliche Grabstätte, die in den Kalksteinhang des Hügels gehauen ist und Ähnlichkeit mit den Felsbauten von Petra aufweist, stellt eine tiefe Nische in Form eines Portals von acht Metern Länge dar. Es ist anzunehmen, daß an den Seiten zwei Pfeiler standen, während zwei leider zerstörte Säulen den mächtigen Architrav abstützen sollten. Der Schmuck des Architravs besteht aus einem eleganten, jedoch stark beschädigten Fries mit Blattornamenten sowie Metopen und Triglyphen als oberem Abschluß, ferner aus einem Kranzgesims. Insgesamt ist der römische Einfluß unverkennbar. Die Eingangshalle führt in eine tief in den Felsen geschlagene Vorkammer, hinter der drei große und zwei kleinere Grabkammern liegen. Hier konnte Roberts die Reste einiger Marmorsarkophage bewundern, deren kostbare Reliefs ihm das einzig überkommene Zeugnis alter jüdischer Kunst schienen. Zwar galt die Anlage lange als die Grabstätte einiger Könige von Juda, doch handelt es sich wohl eher um das Grab der zum Judentum konvertierten Königin Helena von Adiabene (Mesopotamien).

Aus dem Tagebuch von David Roberts:

31. März, Palmsonntag - Heute hat eine herrliche Prozession stattgefunden, bei der die Griechisch-Orthodoxen vorangingen. Angeführt von ihren Bischöfen sind sie dreimal um das Heilige Grab geschritten und haben zum Gedenken an den Einzug Christus nach Jerusalem Palmenzweige getragen. Die Bischöfe sind die Stufen zum Altar hinaufgestiegen und haben die Menge gesegnet. Eine große Menge Weihwasser wurde verbraucht und auf die Stufen zum Heiligen Grab hinauf wurden Blumen gestreut. Den Schluß der Prozession bildeten fromme, andächtige Gläubige anderer christlicher Konfessionen. Später habe ich das Grabmal der drei Könige von Juda besichtigt...

Jerusalem, Ansicht von der Strasse nach Bethanien

Abbildung 54

Der Gouverneur von Jerusalem hatte David Roberts und seine Begleiter freundlich aufgenommen. Er teilte schließlich Roberts mit, daß in wenigen Tagen eine Karawane christlicher Pilger unter seinem Schutz an die Ufer des Jordan ziehen sollte und lud ihn ein, sich diesem Zug anzuschließen. Er stellte ihm Reittiere und ein paar bewaffnete Männer in Aussicht. Die Reise werde ihn nicht länger als eine Woche beanspruchen, und er habe ausreichend Zeit, die Ufer des Toten Meeres, Jericho, Bethlehem und das berühmte Felsenkloster Mar Saba zu besichtigen. Roberts nahm die Einladung freudig an und begann mit den Vorbereitungen. Die Karawane brach am 1. April zu früher Stunde auf. Sie durchquerten das Tal Josaphat, erklommen die Hänge des Ölbergs und waren schon bald auf Sichthöhe des Dorfes Bethanien, das höchstens zwei Kilometer von Jerusalem entfernt liegt. Auch wenn die Lithographie eindeutig das Datum des 5. April 1839 trägt, ist sie wohl nicht auf den Beginn der Reise zu datieren. Wie wir nämlich wissen, hielt sich Roberts am 5. April bereits in Bethlehem auf. Auch in diesem Fall ist anzunehmen, daß die Tafel nicht vom Künstler persönlich signiert, sondern von Louis Haghe oder einem seiner Mitarbeiter kurz vor dem Druck mit falschem Datum versehen wurde. Roberts, der die Darstellung auf dem Ölberg gefertigt hatte, rückt die Omar-Moschee in die Mitte seines Werkes, während sich die El Aqsa-Moschee zu ihrer Linken erhebt. Die Senke unterhalb des Hügels, durch die der wenig Wasser führende Fluß Kidron fließt, ist das Tal Josaphat. Aus diesem ragt die Spitze des Grabmals Askalons hervor.

Aus dem Tagebuch von David Roberts:

1. April - Nachdem wir einige Pferde erworben hatten, brachen wir nach Jericho auf. Ich nahm meinen Reisekoffer, das Zelt und die Diener mit. Wir haben das Josaphattal durchquert und den Ölberg erklommen und sind dann an Bethanien vorbeigekommen, dessen wichtigste Sehenswürdigkeit, ein dem Grab eines Scheiches vergleichbares Bauwerk, das Haus des Lazarus genannt wird...

1. April 1839

Bethanien

Abbildung 55

1. April 1839

Im Evangelium wird Bethanien als Ort des Lazarus und seiner Schwestern, Maria und Martha, erwähnt. In diesem kleinen Dorf vor den Toren Jerusalems hat Jesus das Wunder der Auferweckung vollbracht, dem es seine Berühmtheit und seinen heutigen Ortsnamen el-Azarieh, was eben "Lazarus" bedeutet, zu verdanken hat. Trotz der Heiligkeit dieser Stätte erhob sich vor Roberts' Augen eine kleine Siedlung mit ärmlichen Häusern, die größtenteils mit der Bausubstanz alter Ruinen errichtet worden waren und in denen höchstens zwanzig Familien wohnten. Damals wie heute konnten die Einheimischen die Wohnstätten von Martha und Maria, von Simon dem Aussätzigen und natürlich das vermeintliche Lazarusgrab exakt lokalisieren. Auf der Darstellung Roberts' ist das Grab leicht zu erkennen: Als kleiner quadratischer Bau mit Kuppel, links vom Ort gelegen. In Wirklichkeit handelt es sich aber um eine tief in den Felsen gehauene Nische, in die man über eine steile Treppe gelangt. Bereits in den Anfängen des Christentums wurde dieser Ort verehrt; er ist erstmals im Jahre 333 n.Chr. belegt. Siebzig Jahre später beschrieb der Hl. Hieronymus diese Stätte, über der man eine Kirche errichtet hatte; in den nachfolgenden Jahrhunderten wurden darüber mehrmals Klöster und andere Gotteshäuser errichtet.

Bethany april 1st
David Roberts R.A.
1839

Abstieg ins Jordantal

Abbildung 56

1. April 1839

Von Bethanien aus zieht sich die nach Jericho hinabführende Straße durch eine reizvolle Landschaft. Weder Häuser noch bestelltes Land unterbrechen die eintönige Abfolge völlig karger, aber in den schönsten Farben leuchtender Anhöhen: Eine verwunschene, in Sonnenlicht getauchte Hügellandschaft, wo der Weg sich labyrinthartig durch öde Talmulden windet: Hier war noch nie Wasser geflossen und hierher hatte sich auch noch kein Tier verirrt. Absolute Stille, lediglich vom Getöse des Windes oder vom Rauschen hangabwärts rollender Kieselsteine unterbrochen, umgab die Pilger und verstärkte noch ihr Gefühl, in der Fremde verloren zu sein. Die Gegend war wegen der umherstreunenden Räuber berüchtigt. Besonders gefürchtet war der letzte Paß. Auf der Darstellung ist eben diese Engstelle wiedergegeben mitsamt dem herrlichen Rundblick, der sich der Gruppe schließlich darbot. Das Jordantal, dessen silbrige Silhouette eben noch sichtbar ist, wird von den letzten Strahlen der Abendsonne beschienen. Rechts im Bild erscheint die glitzernde Wasseroberfläche des Toten Meeres, während in der Ferne die kräftigen Farben der Zelte der Pilger hervorstechen. Ob solcher Schönheit meinte Roberts, dieses Schauspiel könne eher die Feder eines Dichters denn den Zeichenstift eines Künstlers inspirieren. Zwar gehört das Gebiet des Toten Meeres mit seinem tiefen Wasserspiegel zu den trockensten Regionen der Erde, doch sollte nicht vergessen werden, daß eine große Zahl von Quellen entlang des mittleren Laufs des Jordans und in der Umgebung von Jericho für einen fruchtbaren Boden sorgen; diese Landschaft hat der Künstler in seinem Reisetagebuch ausführlich beschrieben.

Aus dem Tagebuch von David Roberts:
1. April - Nachdem wir der Straße gefolgt sind, die von den Römern gepflastert wurde, werden wir schon bald des Toten Meeres ansichtig. Auf dem ganzen Weg waren vereinzelt arabische Reiter und Beduinen unterwegs. Die Pilgergruppen bewegten sich in Richtung Jordan. Zu unserer Linken floß ein reißender Fluß am Fuße eines tiefen Abgrunds, in dessen Abhänge Höhlen gehauen waren, bei denen es sich um alte Einsiedeleien handelte. Weiter weg sind wir auf einen Tümpel und einen Bach gestoßen. Jericho liegt am Grund der Hügel.

Encampment of Pilgrims, Jericho
April 1st 1839

Das Lager der Pilger

Abbildung 57

1. April 1839

Im Markus-Evangelium heißt es: "Es begab sich aber, daß Jesus in jenen Tagen von Nazareth in Galiläa kam und von Johannes im Jordan getauft wurde" (Markus 1,9). Seit Jahrhunderten machen sich daher Scharen von Gläubigen auf, um sich in der Osterzeit mit dem Wasser des Flusses unweit von Jericho zu reinigen. So auch 1839, als David Roberts seine außergewöhnliche "Reportage" ante litteram unternahm. Damals wurde die Gegend von Räubern heimgesucht. Deshalb waren die Pilgerzüge auf hinreichenden bewaffneten Schutz angewiesen, für den der Gouverneur von Jerusalem persönlich Sorge trug. Dieser merkwüdig anmutenden Symbiose zwischen gezogenen Waffen und gläubigem Eifer begegnet man auch heute noch in der Nähe der Brücke von Allenby, wenige Kilometer von der Taufstätte entfernt, wo die unterschiedlichsten Kulturen aufeinandertreffen. Bislang war Roberts unter dem Schutz der Männer gereist, die ihm Achmet Aga zur Verfügung gestellt hatte und die am Nachmittag zu ihm gestoßen waren, als er noch in Jericho weilte. Später schrieb der Künstler in sein Tagebuch, er sei im Zelt des Befehlshabers, der ihm Sorbet und Kaffee gereicht habe, herzlich empfangen worden. Gegen Abend ritten die beiden zusammen an das Ufer des Jordan, wo sie die Vorbereitungen für den folgenden Tag trafen. Das von Roberts skizzierte Schauspiel besticht durch seine Lebendigkeit: Das Lager wird vom Zelt des Gouverneurs beherrscht; rings herum widmen sich zahllose Pilgergruppen den unterschiedlichsten Tätigkeiten. Ein paar Reiter treiben ihre Pferde zum Galopp an, während andere Männer des Geleits schwatzend umherstehen. Im Bildhintergrund erstreckt sich die glatte Oberfläche des Toten Meeres.

Banks of the Jordan. April 2nd. 1839.

EINTAUCHEN IN DEN JORDAN

Abbildung 58

2. April 1839

Am 2. April zogen die Pilger zu früher Morgenstunde zum Fluß. Wenig später signalisierte ein Gewehrschuß, daß sich auch der Gouverneur in Bewegung gesetzt hatte. Die Karawane war, so weit das Auge reichte, von der Stille der Wüste umgeben, die auch durch die Schritte der vielen Pilger kaum durchbrochen wurde. Die Ufer des Jordan waren eben in Sichtweite, als die Menschenmenge in immer heftigere Bewegung geriet, wobei die Frauen - so wie Roberts es bereits in Ägypten vernommen hatte - schrille Laute ausstießen. Die Männer des Gouverneurs breiteten auf einem Felsvorsprung über dem Fluß zahlreiche Teppiche und bequeme Sessel aus. Dort ließ sich Achmet Aga nieder, während sich die Soldaten auf Streife begaben. David Roberts beobachtete neugierig, wie Männer und Frauen dabei waren, ihre Kleider abzulegen und in einem heillosen Durcheinander in den Jordan zu steigen, der an dieser Stelle tief in die Senke von Jericho eingeschnitten zwischen schroffen Felswänden fließt und eine starke Strömung aufweist. Manche Pilger waren splitternackt, während andere leichte Kleidungsstücke trugen, die sie dann mit nach Hause nahmen und nach religiösem Brauch bis zum Tag ihres Begräbnisses aufbewahren sollten. Ein junger Grieche ertrank leider an einer heimtückischen Stelle des Flusses, und viele andere Unvorsichtige, die sich zu weit in die Strömung hinausgewagt hatten, begaben sich nicht minder in Gefahr. Das ganze Schauspiel dauerte ein paar Stunden, bis die Pilger den Rückweg antraten, wobei der Gouverneur die Nachhut bildete. Auf der Lithographie sind Achmet Aga und seine Gefolgsleute im Vordergrund deutlich zu erkennen.

Aus dem Tagebuch von David Roberts:

2. April - Von der Weitläufigkeit der Ebene von Jericho war ich gerührt, doch nicht minder vom engen Spalt, durch den der tiefe und reißende Fluß eingeklemmt zwischen steilen Böschungen verläuft. Die Szene am Fluß war von außergewöhnlichem Interesse. Männer und Frauen, Jung und Alt, stiegen gemeinsam in den Fluß.

Lager in der Nähe von Jericho

Abbildung 59

Die Geschichte der nördlich vom Toten Meer gelegenen Stadt Jericho beginnt vor Urzeiten: Biblischer Überlieferung zufolge wurde sie etwa im 13. Jahrhundert v.Chr von Josua erobert. In römischer Zeit stattete Herodes d.Gr. die Stadt mit prunkvollen Palästen aus, in christlicher Zeit entwickelte sie sich zu einem bedeutenden Bischofssitz. Nach der Kreuzfahrerzeit setzte ihr allmählicher, jedoch unaufhaltsamer Verfall ein, von dem sich David Roberts während seiner kurzen Visite noch eine Vorstellung machen konnte. Die Siedlung war kaum mehr als ein Trümmerhaufen; einige schäbige Wohnhäuser waren von Gehegen für die Tiere umgeben und wurden von den Überresten eines Sarazenenturms mit dem hochtrabenden Namen "Die Burg" beherrscht. Die wenigen Einwohner bestellten eine außergewöhnlich große Fläche, reich an Palmen und Weinbergen, und doch lag über allem eine glühende drückende Hitze, deren Stille sich wie eine Glocke über das Himmelsgewölbe legte. Roberts war vom Jordan, den sie unterdessen erreicht hatten, an diesen Ort gekommen. Von hier brach er am 3. April zum Kloster Mar Saba auf. Die Darstellung zeigt ein Lager von Beduinen, die sich in der Nähe des Turms von Jericho für die Nacht niedergelassen haben. Im silbergrauen Schein des Vollmondes liegt das Tote Meer mit seiner glänzend glatten Oberfläche, frei von Schatten. Die öd daliegende Wüste, eingetaucht ins zartschimmernde Licht der Gestirne, versetzt den Betrachter in eine poetische Stimmung; nichts dieser salzhaltigen tiefen Senke erinnert mehr an die spröde Wirklichkeit, alles gleicht vielmehr einer Mondlandschaft. Die Darstellung von Roberts bildet einen krassen Gegensatz zum heutigen Jericho, einer mit Bougainvillea und Orangenplantagen begrünten Oase, die dank neuer Ausgrabungen zu einer der interessantesten archäologischen Regionen geworden ist.

3. April 1839

Wilde Landschaft um Mar Saba

Abbildung 60

3. April 1839

Nachdem sie sich von Achmet Aga verabschiedet hatten, der ihnen am Vorabend einheimische Führer zur Verfügung gestellt hatte, verließ Roberts am 3. April in den ersten Morgenstunden die Talebene von Jericho. Die Straße verlief zunächst am Fuß der Bergkette entlang, auf der die Reitergruppe das Tote Meer linker Hand liegen ließ. Drei Stunden später machten Roberts und seine Begleiter Rast in der Nähe einer Trinkwasserquelle. Etwas weiter wurde die Küste zur Klippe. Die Gruppe sah sich gezwungen, einen steilen, streckenweise gefährlichen Pfad zu erklimmen, der zum Tal hin schroff abfiel. Allerdings wurden ihre Mühen durch einen atemberaubenden Rundblick belohnt, den man von der Anhöhe genoß: Das spiegelglatte Tote Meer reflektierte die umliegenden Berge. In dieser eindrucksvollen atemlosen Stille wagte es keiner der Gruppe, nur einen Laut von sich zu geben. Der weite Abstieg ins Feuertal, in der Landessprache Wady-En-Naar, war ebenso gefährlich wie aufregend. Nachdem sie den Kidron mit seinen steil abfallenden Ufern durchwatet hatten, zog die Gruppe eine Zeitlang durch unebenes gewelltes Gelände aus rötlichem Kalkgestein, das von einer besonders üppigen Flora bedeckt war.

In der Ferne erschienen dann die Türme des Klosters Mar Saba am Horizont, eine eindrucksvolle Anlage, die sich in die Felswand der tiefen, vom Kidron geteilten Schlucht eingenistet hatte. Roberts war von diesem Panorama so beeindruckt, daß er in seinem Reisetagebuch niederschrieb, man könne sich keine romantischere Kulisse vorstellen.

Das Tote Meer von der Anhöhe von En Gedi

Abbildung 61

4. April 1839

Die auf den 4. April 1839 datierte Ansicht vom Toten Meer wurde von der Anhöhe von En Gedi aus gezeichnet, nicht weit vom Kloster Mar Saba entfernt. Die Konventsgebäude erstrahlen, eingeschnitten in den vom Kidron geschaffenen Felsvorsprung, in atemberaubender Schönheit. Das achtzig Kilometer lange und höchstens siebzehn Kilometer breite Tote Meer liegt im tektonischen Graben, der etwa dreihundertfünfundneunzig Meter unter dem Meeresspiegel liegt. Das unwirklich widerscheinende Gewässer ist auf beiden Seiten von einer Karstlandschaft umgeben, und nur im nördlichen Teil, in der Nähe der Jordanmündung, ist die Feuchtigkeit ausreichend für eine spärliche Vegetation. Zum Toten Meer gelangen nie jene feuchten Winde, die das Gebiet westlich von Jerusalem so fruchtbar machen. Es hat im Vergleich zu den übrigen Meeren eine zehnfach höhere Salzkonzentration und bewahrt daher jeden Badenden vor dem Untergehen. Das Tote Meer, das über keinen Abfluß verfügt, läßt jegliche Spuren von Leben vermissen. In dieser Wüstenlandschaft, die in Roberts ein starkes Gefühl des Geheimnisvollen und des Monumentalen auslöste, erschienen die wenigen Oasen wie Sinnestäuschungen, Horte jenes Lebens, die trotz der Feindseligkeit des Bodens und der unbarmherzigen Glut der Sonne diesem Erdfleck vergönnt blieben. En Gedi, reich an Süßwasserquellen und einer farbenprächtigen Vegetation, wirkte auf den Künstler wie ein unerwartetes Wunder.

The Dead Sea
looking towards Moab
april 4th 1839

Convent of St Saba April 4th 1839.
David Roberts R.A.

Mar Saba

Abbildung 62

4. April 1839

Das Kloster Mar Saba liegt scheinbar fest verankert in der Felswand einer Schlucht, die der zum Toten Meer fließende Lauf des Kidron geschaffen hat. Es ist ein Ort der Abgeschiedenheit und des Gebets in der stillen Öde der Wüste, einige Kilometer südöstlich von Jerusalem. Das Kloster wurde 492 gegründet, im Verlauf des 7. Jahrhunderts von den Arabern zerstört, doch schon bald in noch kühnerer Konstruktion wiederaufgebaut. Johannes von Damaskus erhielt hier die Priesterweihe und schrieb hier seine grundlegenden theologischen Traktate. Ins Auge fallen an diesem Komplex die blaubemalten Kuppeln und der gewaltige Mauerring, der auf den Festungscharakter der Anlage verweist. Der Verlauf der mächtigen Mauern wurde sorgfältig geplant, die Fenster sind vergittert und klein, und die niedrigen, schmalen Eingänge wurden mit wuchtigen Portalen ausgestattet. Im Kloster bewahrt man die Reliquien des Heiligen Saba auf, die im Jahr 1965 von Venedig überführt wurden, wo sie über sieben Jahrhunderte geruht hatten. Als David Roberts das Kloster besuchte, wurde es von griechischen Mönchen geführt, die Frauen den Zutritt verwehrten. Im Reisetagebuch berichtet der Künstler, nicht ohne seine Bewunderung zu verhehlen, über die erste Begegnung mit diesem imposanten Bauwerk.
Er beschreibt nicht nur das prachtvolle Bauwerk, sondern erinnert auch an die überraschend herzliche Gastfreundschaft der Mönche und die unerwarteten Annehmlichkeiten, die das Kloster bot. Wände und Fußböden waren mit samtweichen Teppichen ausgelegt, die Räume strahlten eine frische und gesunde Atmosphäre aus, der lokale Wein, vielleicht das Erzeugnis der auf den umliegenden Felsterrassen angelegten Weinberge, scheint ihm gemundet zu haben.

Aus dem Tagebuch von David Roberts:

3. April - Das Kloster besteht aus einem Gebäudekomplex, der über dem Abgrund errichtet wurde. Die Bruderschaft ist griechisch-orthodoxer Konfession und zählt etwa fünfunddreißig Mönche, die wie jene vom Berg Sinai gekleidet sind.
4. und 5. April - Schaut man von oben auf das Kloster, kann man kaum glauben, daß sich hinter den Mauern so viel Wohlstand und Komfort verbergen...

Die Kapelle von Mar Saba

Abbildung 62

5. April 1839

Am Tag nach seiner Ankunft in Mar Saba erhielt David Roberts auf Nachfrage die Erlaubnis, von der Kapelle des Klosters eine Zeichnung anzufertigen. Die äußerst zuvorkommenden Mönche gestatteten ihm sogar, auch nach Beginn des Gottesdienstes sein Werk zu vollenden. Der uralte prächtig ausgeschmückte Innenraum war im überladenen Stil vieler griechisch-orthodoxer Kirchen gestaltet. Eines der Fresken, welches das Jüngste Gericht darstellt, wird besonders verehrt, während alle Pfeiler Heiligenfiguren tragen. Kurz vor David Roberts' Eintreffen hatte die russische Regierung, die besonders auf das Wohl der griechisch-orthodoxen Kirche im Nahen Osten bedacht war, nach Mar Saba eine Vielzahl wertvoller Ikonen geschickt und die Restaurierung der ganzen Kirche und ihrer Nebengebäude finanziert. Am 5. April gegen Mittag verabschiedete sich die Gruppe von den Mönchen, nachdem sie ihnen eine Spende für bedürftige Pilger überlassen hatte. Sie setzten ihren Weg in Richtung Bethlehem fort, das sie nach dreistündigem Ritt erreichten.

Bethlehem

Abbildung 64

Neun Kilometer von Jerusalem entfernt liegt Bethlehem inmitten ertragreicher Felder, die an den ursprünglichen Namen Ephrata, "Fruchtbarkeit", erinnern. Die historische Bedeutung dieses Ortes - der jüdischen Tradition zufolge soll es sich hierbei um die Geburtsstadt der Familie Davids und vermutlich auch von ihm selbst handeln - spiegelt sich nicht in seiner städtebaulichen Entwicklung wider. In den Berichten wird vielmehr das Bild eines kleinen ärmlichen Ortes gezeichnet. Bescheidenheit und Armut sind denn auch Eigenschaften, die mit der Gestalt des Erlösers in Beziehung stehen. Der Bibel zufolge wurde Jesus Christus in Bethlehem geboren. Die Erinnerung daran bewahrt die Hieronymus-Grotte, die sich schon bald zu einem der wichtigsten Heiligtümer der Christenheit und zu den meistbesuchten Pilgerstätten entwickelte. Wie auch bei anderen Stätten im Heiligen Land, wo Geschichte und Brauchtum eine einzigartige Symbiose bilden, war auch Bethlehem nicht nur eine Kultstätte der Christen.
Die jüdische Religion bewahrt die Erinnerung an Rahel, Frau des Patriarchen Jakob, die das Urbild der Leiden aller jüdischen Mütter verkörpert. Ihr stadtauswärts gelegenes Grab wird als Symbol der Erlösung Israels verehrt.
David Roberts traf am Nachmittag des 5. April in Bethlehem ein. Er notierte in seinem Reisetagebuch, daß er auf dem Weg nach Mar Saba zahlreiche Schafherden angetroffen habe; außerdem schien das städtische Umland mit seinen Getreidefeldern, die mit Olivenhainen und Feigenbäumen abwechseln, sehr fruchtbar zu sein.

5. April 1839

Aus dem Tagebuch von David Roberts:

4. und 5. April - Die Geburtskirche krönt den Gipfel des Hügels, auf dem die Stadt liegt. Sie ist umgeben vom lateinischen, griechischen und armenischen Kloster. Das Gebäude gleicht den Basiliken Roms mit einer doppelten Reihe korinthischer Säulen, die zwei Wandflächen abstützen, auf denen das hölzerne Dach ruht. Die Wände sind mit Motiven aus der Bibel verziert, die meisten sind mit feinsten Mosaiken verkleidet. Leider sind viele zerstört...

Die Geburtskirche

Abbildung 65

6. April 1839

Von den Höhenzügen rings um die Stadt erschienen David Roberts die Umrisse Bethlehems vom Hügel beherrscht, auf dem sich die Geburtskirche, vermutlich die älteste Kirche der Welt, erhebt. Errichtet wurde sie um 330 von der Kaiserinmutter Helena, im 6. Jahrhundert ließ Justinian sie zum Teil erneuern. Von ihm wird erzählt, er habe die Tore verkleinert, damit Kirchenschänder nicht hoch zu Roß in die Kirche reiten konnten.
Im Jahr 1479 wurde das Dachgestühl mit Spenden der bedeutendsten Länder der Christenheit erneuert.
Das Bauwerk enthält Stilelemente römischer Basiliken und erinnert an Sankt Paul vor den Mauern in Rom.
Die fünfschiffige Basilika, die von korinthischen Säulen und Pfeilern aus gelbem Marmor getragen wird, ist prachtvoll ausgeschmückt. Christliche Pilger aller Konfessionen haben über Jahrhunderte hinweg hier ihre Spuren hinterlassen. Deutlich wird dies an der Fülle von Votivlampen und Ikonen, die je nach Ritus bestimmte Merkmale aufweisen. Roberts brachte in seinem Reisenotizbuch seine Verwunderung zum Ausdruck, daß die Basilika in verschiedene Bereiche aufgeteilt war. Während der Chorraum von der griechischen Kirche verwaltet wurde, waren der lateinischen und der armenischen Kirche die Flügel des Querschiffes zugewiesen, welches über der Geburtsgrotte liegt.
Es kam immer wieder zum Streit zwischen diesen Konfessionen um die Verwaltung des Heiligtums, ein Streit, der bis ins 16. Jahrhundert zurückreicht. Heute ist die Geburtskirche von Klöstern der drei Gemeinschaften umgeben, die ihre Gottesdienste im Turnus abhalten.

DIE GEBURTSGROTTE

Abbildung 66

6. April 1839

Die Geburtsgrotte, in der die Mönche nach dem griechisch-orthodoxen Ritus die Messe zelebrieren, ist ein enger Raum, dessen Wände zum Teil mit Marmor ausgekleidet sind, die aber im Vergleich zum gewöhnlich üppigen Schmuck griechischer Kirchen kahl wirken. In einer kleinen Apsis steht der Geburtsaltar, umgeben von fünfzehn Silberampeln, welche die einzelnen christlichen Konfessionen symbolisieren. Ein silberner Stern soll die Stelle der Geburt Christi kennzeichnen. Über dem Stern, Sinnbild jenes Kometen, der den Heiligen Drei Königen den Weg wies, ist eine lateinische Inschrift angebracht: "Hic de Virgine Maria Jesus Christus natus est" (Hier wurde von der Jungfrau Maria Jesus Christus geboren). Zu beiden Seiten der Grotte stehen sich zwei kleine Altäre gegenüber. Bei dem einen handelt es sich um den Altar zur Erinnerung an die Krippe, in welche das Jesuskind hineingelegt wurde; bei dem anderen um den Altar der Heiligen Drei Könige, die zur Anbetung hierhergekommen waren.
Der Überlieferung nach hat Sixtus V. die ursprüngliche Futterkrippe nach Rom bringen lassen. Sie wird heute in S. Maria Maggiore in Rom verehrt. David Roberts war - seinen Ausführungen zufolge - gerade dabei, die Innenansicht der Grotte zu zeichnen, als ein von Jerusalem kommender Mann das Heilige Feuer brachte. Unverzüglich versammelten sich alle Griechisch-Orthodoxen um den Boten, um ihre Lampen an der Flamme göttlichen Ursprungs zu entzünden. Die Zeichnung Roberts' gibt die Fülle an Öllampen, Gaben christlicher Wallfahrer, eindrucksvoll wieder, die damals wie heute den Raum in ein bezauberndes Licht hüllen.

David Roberts R.A.

Jerusalem, Ansicht vom Ölberg

Abbildung 67

7.-8. April 1839

Wie Roberts in seinem Notizbuch vermerkt, kam er am 7. April auf dem Rückweg von Bethlehem an den sogenannten Teichen Salomos vorbei, welche die Trinkwasserversorgung in den Wohnvierteln Jerusalems sicherstellten und deren Anlage sarazenischen Ursprungs zu sein scheint. Am folgenden Morgen verabschiedete sich John Pell von seinen Reisegefährten, um die Rückreise nach Kairo anzutreten, und kurze Zeit später traf Roberts wieder in Jerusalem ein. Auch wenn der Künstler in seinem Tagebuch vermerkt, er habe an jenem Tag das Tal Josaphat erkundet und die dortigen Felsnekropolen besichtigt - sie sind Gegenstand der nachfolgenden Lithographien - trägt auch diese Tafel das Datum vom 8. April. Vermutlich ist die Zeichnung, eine Ansicht Jerusalems vom Ölberg mit dem deutlich erkennbaren Turm des Askalon-Grabmals, an jenem Morgen entstanden, an dem Roberts nach Jerusalem zurückgekehrt ist.
An den seit jeher als heilige Stätte verehrten Ölberg soll David zunächst geflüchtet sein, nachdem er dem von Askalon entfachten Aufstand entkommen war. Am Fuße des Ölbergs liegt der Garten Getsemani, der Ort, an dem Jesus verraten wurde.
Auf den Friedhöfen in den Hanglagen liegen Tausende von Juden und Pilgern begraben, denn den Propheten zufolge soll sich hier die Auferstehung der Toten ereignen. Die von Roberts gezeichnete Stadtansicht stellt die Ostviertel Jerusalems dar. In der Bildmitte sticht ein Quadrat hervor: Die von den Moslems als das "Vornehme Heiligtum" bezeichnete Moschee, welche zum Schutz des Felsens errichtet wurde, von dem Mohammed zum Himmel auffuhr.

Das Zachariasgrab

Abbildung 68

Das Kidrontal zwischen dem Tempelberg und dem Ölberg, auch als Josaphattal bekannt, ist mit Überresten antiker Siedlungen übersät. Im oberen Teil der Niederung wurden die kargen Hänge, die nur an manchen Stellen Vegetation aufweisen, schon vor langer Zeit als Friedhöfe genutzt. Erhalten sind noch vier Grabmäler: Zwei davon, das Grab des Josaphat und des Hl. Jakobus, bestehen aus in den Stein gemeißelten Architekturfassaden, hinter denen sich echte Krypten verbergen. Bei den Gräbern des Askalon und des Zacharias handelt es sich hingegen um Bauwerke, die ganz in den Felshang gehauen sind. Trotz der biblischen Namen stammen die beiden letztgenannten Grabdenkmäler aus hellenistischer Zeit: Sie gehören zu einer gewaltigen Nekropole wohlhabender Bürger und Honoratioren vom Hof des Herodes. Eine vergleichbare Datierung für das Grab des Zacharias vorzunehmen, erscheint problematisch, denn bislang konnte nicht geklärt werden, ob es sich um Zacharias den Propheten - der an einem anderen Ort begraben sein soll - oder um Zacharias, den Vater

von Johannes dem Täufer, handelt. Der Steinkubus mit einer Seitenlänge von etwa sechs Metern wurde ganz aus dem Felshang geschlagen. Die Außenwände sind durch Halbsäulen mit ionischen Kapitellen und Wandpfeilern gegliedert. Die darüberliegende Kranzleiste, mit Akanthusblättern elegant verziert, schließt mit einem weit vorspringenden Sims ab und trägt eine stumpfe Pyramide von über drei Metern Höhe. Das Grab, das auf einem Sockel mit drei hohen Stufen ruht, war bis ins 20. Jahrhundert zum Teil verschüttet. In Roberts' Zeichnung ist es noch ein mächtiges, aus dem Sand herausragendes Monument. Der Volksmund glaubt, daß die Prophetengräber unweit des Ortes liegen, wo am Tag des Jüngsten Gerichts über die Seelen gerichtet wird, dem die Wiederauferstehung des Fleisches folgt.

8. April 1839

Das Jakobusgrab

Abbildung 69

Wenige Meter vom Zachariasgrab entfernt, ist in dieselbe Felswand das sogenannte Jakobusgrab gemeißelt. Eine Inschrift weist es als das Grabmal einer Priesterfamilie aus dem 2. Jahrhundert v.Chr. aus, während es sich der Überlieferung nach um den Zufluchtsort des Heiligen Jakobus handeln soll, der dort auch bestattet worden sein soll. Über die ursprüngliche Funktion dieses Denkmals kann nur spekuliert werden, denn es wird gemeinhin auch behauptet, das Grab sei in Wirklichkeit in der Zeit zwischen der Kreuzigung und Wiederauferstehung Christi vom Apostel als Einsiedelei genutzt worden. Später sei der Heilige auf die iberische Halbinsel gelangt und erst nach deren Evangelisierung nach Jerusalem zurückgekehrt. Hier erlitt er während der Verfolgungen des Herodes Agrippa den Märtyrertod.
Der Überlieferung zufolge wurde sein Leib dann nach Santiago de Compostela überführt. Dort erfuhr er eine solche Verehrung, daß man ihn zum Schutzheiligen Spaniens machte. Das Felsengrab im Josaphattal gehört zum Typ der Portikusgräber mit Architrav über zwei unkannelierten Säulen mit dorischen Kapitellen. Die Fassade befindet sich etwa viereinhalb Meter über dem Boden. Die Grabkammer selbst liegt ungefähr auf gleicher Höhe, ist aber an die fünfzehn Meter tief.

8. April 1839

Tomb of St. James, Valley of Jehosapha

Das Grab des Askalon

Abbildung 70

Die meisten Grabmäler an den Berghängen im Josaphattal sind jüngeren Datums. Doch das beeindruckende, mittlerweile verwitterte Denkmal, das wegen seines kegelartigen Aufsatzes gemeinhin "Tiara des Pharao" genannt wird, stammt vermutlich aus der Zweiten Tempelperiode und ist damit zweitausend Jahre alt. Das prachtvolle Grabmal, ebenfalls teilweise in den Fels gehauen, wird dem aufrührerischen Sohn Davids, Askalon, zugeschrieben. Da dieser dem Alten Testament zufolge keine Kinder hatte, die ihm ein ehrendes Andenken hätten bewahren können, ließ er unweit von Jerusalem ein Denkmal errichten, das seinen Namen trug.
Eine andere Überlieferung besagt hingegen, daß Askalon, nachdem sein Vater ihn im Kampf besiegt hatte, in den im Jordantal gelegenen Wald Ephraim flüchtete. Dort hätten ihn seine Verfolger gefangen genommen, getötet und in einer Grube verscharrt. Wie in vielen anderen Fällen ist es äußerst schwierig, zwischen Fakten und Legenden zu unterscheiden. Das Grab des Askalon, ein großartiges Beispiel hellenistischer Baukunst, weist im unteren Teil große Ähnlichkeit mit dem Grab des Zacharias auf. Seine Form entspricht einem Kubus mit einer Seitenlänge von etwas mehr als sechs Metern, der vollständig vom Kalksteingrat des Hügels abgetrennt wurde. Die Außenwände sind mit jeweils zwei ionischen Halbsäulen und mächtigen Eckpfeilern derselben Säulenordnung geschmückt.
Der Architrav in Triglyphenform und mit dorischen Metopen

versehen trägt ein parallelflaches Bauglied, auf dem ein niedriger Zylinder mit abschließendem Kranz ruht, der mit Reliefs verziert ist. Das Ganze wird durch eine sonderbare glockenähnliche Abdeckung vervollständigt.
Im Innern befindet sich eine kleine Grabkammer. David Roberts, der am 8. April den ganzen Nachmittag über das Josaphattal erkundet hatte, war verblüfft über die außergewöhnliche Ähnlichkeit dieser Felsnekropole mit der petraischen Grabanlage. Beiden Denkmälern gemeinsam waren vor allem die Halbsäulen und Pfeiler, die an den Ecken ineinander übergehen.

8. April 1839

Der Siloahbrunnen

Abbildung 71

8. April 1839

Um 1000 v. Chr. eroberte König David Jerusalem und machte es zu seiner Hauptstadt. Später errichtete sein Sohn Salomo den Tempel auf dem Hügel, der das Kidrontal überragt. Ausschlaggebend für diese Standortwahl, welche die weitere städtebauliche Entwicklung prägte und durch archäologische Funde am südlich der El Aqsa-Moschee gelegenen Hang jüngst bestätigt wurde, war vermutlich das Vorhandensein einer Quelle, seinerzeit die einzige in der Gegend. Der Gihonbrunnen, auch als Siloahbrunnen bekannt, entspringt in einer Felsspalte im oberen Josaphattal. Noch heute hat man über eine steile Felstreppe Zugang zu dieser Quelle, die vor den Stadtmauern lag. Aus diesem Grund hatten die Jebusiter einen Tunnel gegraben, durch den das Wasser in die Stadt geleitet wurde. Von David angeführt, gelangten die Juden durch diesen engen Gang in die Stadt Jerusalem, die sie mit einem Überraschungsangriff einnahmen. Das Quellwasser des Siloahbrunnes wurde von den Priestern des Tempels während des Laubhüttenfestes als Weihwasser benutzt.
David Roberts erkundete am Nachmittag des 8. April das ganze Josaphattal und skizzierte die Felsgräber dieser Gegend. Auch wenn die nächsten beiden Bilder nicht signiert sind, hat der Künstler sie vermutlich am gleichen Tag angefertigt. Für eine solche Annahme spricht außerdem die räumliche Nähe der Monumente zwischen den drei Stätten und der Grabanlage.

Der Siloahteich

Abbildung 72

Da die Siloahquelle vor den Stadtmauern in einer Höhle im Josaphattal lag und damit kaum zu verteidigen war, liefen die Einwohner Jerusalems Gefahr, daß sich im Fall eines Angriffs die Wasservorräte erschöpften. Als sich drei Jahrhunderte nach der Herrschaft Davids ein Angriff

seitens der Assyrer abzeichnete, ordnete König Ezechiel den Bau eines neuen Tunnels an, um das Wasser an einer Stelle ins Stadtinnere zu leiten, die als Siloahteich bekannt war. Die Quelle wurde über einen 533 Meter langen Kanal mit einem neuen Becken verbunden, welches den Ophelhügel durchquert und ins Tirofeotal mündet. Eine Inschrift bewahrt die Erinnerung an die Vollendung dieses mächtigen Bauwerks, die im Jahre 701 v.Chr. erfolgte: Der im Jahr 1880 zur Zeit der türkischen Herrschaft wiederentdeckte Stein wird heute in Istanbul im Museum für orientalische Archäologie aufbewahrt. Um dieses außergewöhnliche Wasserversorgungssystem und seinen Verlauf erforschen zu

können, kroch der englische Archäologe Charles Warren auf allen vieren durch den ganzen Tunnel. Das Ergebnis dieser Pionierarbeit wird heute im Archäologischen Stadtmuseum dokumentiert. Der Siloahteich präsentiert sich heute als ein Becken mit kristallklarem Wasser. Das Becken liegt am Ausgang des Tunnels in einem durch Mauern geschützten Graben und ist nur über eine Treppe zu erreichen. Eine Legende erzählt, die Jungfrau Maria habe die Kleider des Jesuskindes in eben diesem Brunnen gewaschen. Mit diesem Wasser soll der Messias auch ein paar Jahre später einen Blinden geheilt haben.

8. April 1839

Der Brunnen des Hiob

Abbildung 73

8. April 1839

Der sogenannte Brunnen des Hiob liegt nur wenig unterhalb der Stelle, an der sich Josaphattal und Hinnomtal kreuzen. Sein hohes Alter läßt sich auch daran ablesen, daß er sowohl im Buch Hiob als auch im Buch der Könige erwähnt wird. Merkwürdigerweise wird er jedoch in keinem Dokument aus der Zeit der Eroberung Jerusalems durch die Kreuzfahrer erwähnt. Offenkundig war der Brunnen schon lange Zeit nicht mehr genutzt worden und wurde erst nach der arabischen Rückeroberung instandgesetzt. Darauf verweist auch der orientalisch anmutende Stil des Bauwerks, den auch die Zeichnung und Beschreibung Roberts' festhalten. Bei dem etwa 38 Meter tiefen Brunnen handelte es sich um ein wuchtiges rechteckiges Becken, das aus mächtigen, eher unregelmäßig angeordneten Steinquadern bestand. Auf der einen Seite befand sich ein niedriger Bau, vermutlich eine Zisterne, während sich quer dazu ein höheres Bauwerk erhob, das mit einer kleinen Kuppel überbaut war und knapp über dem Wasserspiegel in einem großen Spitzbogen islamischen Stils endete. In der Regenzeit stieg das Wasser im Brunnen so stark an, daß es überlief. Der Tradition zufolge bestand weder Einigkeit über den Ursprung des Namens noch über die tatsächliche Bezeichnung des Brunnens. So bezeichneten ihn die Mönche als Brunnen des Nehemia, während er von den Einheimischen als "Bir Eyub", d.h. Brunnen des Hiob, genannt wurde.
Nach der biblischen Überlieferung wurde an diesem Ort das Heilige Feuer des Tempels aufbewahrt und dort auch noch während der Babylonischen Gefangenschaft bis zum Wiederaufbau Jerusalems gehütet.

Ansicht von Jerusalem gen Westen

Abbildung 74

9. April 1839

Beim Rundblick über den Ostteil der Stadt springt das Quadrat des mächtigen Mauerrings ins Auge, hinter dem sich die Omar- und die El Aqsa-Moschee erheben. Auf der eindrucksvollen Stadtansicht sind rings um den Felsendom andere islamische Bauten aus unterschiedlichen Epochen zu erkennen: der Kettendom, eine Nachbildung der Omar-Moschee in Kleinformat; der Sabeel Qait Bey, ein kleiner Oktogonalbau aus dem 15. Jahrhundert; der Kadi Burhan el-Din, eine elegante Kanzel, die Teil einer Freiluftmoschee war. Die El Aqsa-Moschee, links in der Abbildung, geht auf den Kalifen Walid I. zurück, der diese in den Jahren 709 bis 715 auf den Überresten einer byzantinischen Basilika, bekannt als Reinigungskirche, errichten ließ. Durch ein Beben wurde sie dem Erdboden gleichgemacht. Im Jahr 1034 hat man die Moschee in der weitgehend bis heute erhaltenen Form neu aufgebaut. Fünfundsechzig Jahre später wurde sie nach der Eroberung durch die Kreuzfahrer von den Templern in eine Kirche umgewandelt und "Templum Salomonis" genannt. Als Saladin Jerusalem besetzte, wurde El Aqsa endgültig wieder zu einer Moschee. Ihr Name bedeutet wörtlich, "die Entfernte", denn nach der islamischen Überlieferung war es das von Mekka am weitesten entfernte Heiligtum, das Mohammed besucht hatte. Am Fuße des Felsendoms und der El Aqsa-Moschee erhebt sich die mächtige Klagemauer (Kotel Maaravi), die ursprünglich das Fundament des Salomotempels abstützte. Kein anderer Ort in der Welt wird vom jüdischen Volk mehr verehrt. Der Tempel wurde infolge der römischen Eroberung Jerusalems zerstört, die zugleich viele Juden in die Diaspora trieb. Immer noch aber versammeln sich die Kinder Israels hier zum Gebet und beklagen die Zerstörung ihres Tempels. Dieses Heiligtum ist heute eine nicht überdachte Synagoge, zu der nur Männer mit Kopfbedeckung Zutritt haben.

Ansicht von Jerusalem von Süden

Abbildung 75

9. April 1839

Der östlich vom heutigen Jerusalem gelegene Hügel war seit dem dritten Jahrtausend v.Chr. von den Kanaanitern besiedelt, und schon seit dem zweiten Jahrtausend bezeugen zahlreiche Quellen den ursprünglichen Namen der Stadt "Urusalim". Als David nach dem Tod Sauls beschloß, die einzelnen Stämme des jüdischen Volkes in einem einzigen Reich zu vereinen, machte er Jerusalem wegen seiner günstigen Lage zur Hauptstadt. Er ließ einen Mauerring errichten und auf dem Berg Zion seinen eigenen Palast, wohin er auch die Bundeslade brachte. Unter seinem Sohn Salomo wurde die Stadt erweitert und der Tempel gebaut, der im Jahr 586 zerstört wurde, als Nebukadnezar Jerusalem eroberte und die Einwohner nach Babylon verbannte. Nach der Rückkehr der Juden aus dem Exil wurde Jerusalem wiederaufgebaut und eine neue Umfassungsmauer errichtet, ohne jedoch seinen alten Glanz zurückzugewinnen. Nach der Eroberung durch Alexander den Großen im Jahr 331 fiel die Stadt an die Ptolomäer und schließlich an die Seleukiden; die völlige Hellenisierung der Stadt konnte allerdings durch den Widerstand der Makabäer verhindert werden. Im Jahr 63 n.Chr. wurde Jerusalem von den Römern beherrscht, die Herodes d.Gr. zum König machten. Unter ihm wurde der Tempel wiederaufgebaut und die Burg Antonia errichtet. Gegen das grausame Vorgehen des römischen Prokurators Jessius Florus lehnte sich Jerusalem auf. Die Stadt wurde daraufhin zunächst von Vespasian belagert, dann von Titus und fiel schließlich im Jahr 70 n.Chr. Titus zerstörte Jerusalem, setzte den Tempel in Brand und vertrieb die Einwohner aus der Stadt. Vierundsiebzig Jahre später baute Hadrian Jerusalem als eine römische Kolonie, die Aelia Capitolina, wieder auf, in der jedoch keine Juden geduldet waren. Erst unter Konstantin erhielt die Stadt ihren ursprünglichen Namen wieder zurück. Im Jahr 637 kam Jerusalem an die Araber und unter das Regiment des Kalifen Omar, der Christen wie Juden ein friedliches Leben und eine freie Ausübung ihrer Religion gestattete. Ein jähes Ende fand diese relativ tolerante Politik mit der Herrschaft der Fatemiden und der türkischen Seldschuken, deren gewalttätiges Vorgehen die Christen zu den Kreuzzügen veranlaßte. Im Jahr 1099 wurde die Heilige Stadt von Gottfried v. Bouillon genommen, das Königreich Jerusalem überdauerte jedoch kaum ein Jahrhundert: Im Jahr 1185 besiegte Saladin die Christen in der Schlacht bei Hattin. Im Anschluß an die kurze Herrschaft unter Friedrich II. waren die Ägypter bis zum Jahr 1517 Herren der Stadt, als Jerusalem vom türkischen Sultan Selim I. erobert wurde. Die Herrschaft der Osmanen, die bis zum Vorabend des Ersten Weltkriegs andauerte, hat lediglich der ägyptische Pascha Ibrahim durch die Besetzung Jerusalems von 1831 bis 1840 unterbrochen. In diese Zeit fällt Roberts' Studienreise ins Heilige Land.

DIE HELENAKAPELLE

Abbildung 76

10. April 1839

Der Kalvarienberg, Schauplatz der Kreuzigung Christi, hat seinen Namen vom lateinischen Wort "calvaria", das wie das hebräische "Gulgoletz" und das aramäische Wort "Gulgoltha" "Schädel" bedeutet. Die Bezeichnung könnte sich auf die eigentümliche Form dieser Erhebung beziehen; das Wort könnte aber auch auf die legendäre Überlieferung zurückgehen, derzufolge hier der Schädel Adams vergraben sein soll. Den Kalvarienberg, auf dem lange Zeit auch Enthauptungen stattfanden, hat Kaiser Hadrian teilweise einebnen und darauf das Kapitol der Aelia Capitolina errichten lassen. Die Königin Helena, die im Jahr 325 mit dem Bischof Macrinus eine Pilgerreise nach Jerusalem unternahm, ordnete infolge einer Vision an, Ausgrabungen an dieser Stelle durchzuführen. Schon bald stieß man auf das Christusgrab und auf die vermeintlichen Reste des Kreuzes Jesu und der beiden Räuber. Im Jahr darauf begann ihr Sohn Konstantin, zur Befestigung des Golgothas und des Heiligen Grabes eine fünfschiffige Basilika zu errichten, die im Jahr 335 fertiggestellt wurde. Um das Heilige Grab ließ er eine mächtige Rotunde bauen, die er mit einer Kuppel, die als Anastasis (d.h. Auferstehung) bezeichnet wurde, überwölbte. Der Bau wurde 614 von den Persern vollkommen zerstört; fünfzehn Jahre später begann man unter der Ägide des Abtes Modestus mit dem Wiederaufbau: Die neue Kirche erlitt im Jahr 1009 schwere Verwüstungen durch den Kalifen el-Hakim und wurde von Kaiser Konstantin IX. Monomachos renoviert. Als die Kreuzfahrer 1099 Jerusalem eroberten, wurde der ganze Bau nicht mehr für würdig befunden, das Christusgrab zu beherbergen. Das 1149 geweihte neue Gotteshaus hatte also erhebliche bauliche Veränderungen erfahren, auch wenn der Grundriß und die charakteristische Rotunde beibehalten worden waren.

Die Kirche blieb mehr oder weniger unverändert, bis ein womöglich vorsätzlicher Brand im Jahr 1808 eine Benutzung des Gebäudes beinahe unmöglich machte. Als Roberts das Bauwerk besichtigte, waren die Renovierungsarbeiten der fleißigen griechischen Mönche beendet. Die Lithographie stellt die Helenakapelle dar, eine dreischiffige Krypta, die von vier wuchtigen Säulen getragen wird. Darin befindet sich auch der Stuhl, von dem aus die fromme Kaiserin die Ausgrabungen zur Auffindung des Heiligen Kreuzes verfolgt haben soll.

Von diesem Raum führt eine enge Treppe in eine andere Kammer. Dort wird die Marmorplatte aufbewahrt, unter der die kostbare Reliquie lag.

Aus dem Tagebuch von David Roberts:

10. April - Nachdem ich vom Heiligen Grab vier Zeichnungen angefertigt habe, stattete ich dem neuen Konsul, Herrn Young, einen Besuch ab, der heute in der Stadt eingetroffen ist.

HIC FACTUM EST

Der Kalvarienberg

Abbildung 77

10. April 1839

Die Nachricht vom verheerenden Brand, der das Heilige Grab 1808 zur Hälfte zerstört hatte, erreichte ein von ganz anderen Sorgen geplagtes Europa: Kurz zuvor waren Rom und der Vatikanstaat von den Truppen Napoleons belagert und wenig später Spanien besetzt worden. Im darauffolgenden Jahr wurde Papst Pius VII., der den französischen Kaiser exkommuniziert hatte, verhaftet und in Fontainebleau eingekerkert. Die von den verschiedenen Glaubensgemeinschaften Jerusalems gestarteten Hilfsgesuche blieben daher unbeantwortet.
Die griechischen Mönche, die seit Jahrhunderten mit der lateinischen Gemeinschaft Auseinandersetzungen über Besitz und Verwaltung der Basilika führten, verstanden es, von dieser Situation zu profitieren. Nachdem sie ohne Mühe die Genehmigung für die Überwachung der Wiederaufbauarbeiten erhalten hatten, entschieden sie de facto den alten Streit in ihrem Sinne.
Im Rahmen der von ihnen vorgenommenen Renovierung wurden alle Stücke beseitigt, welche die lateinische Kirche zur Ausstattung der Grabeskirche beigesteuert hatte. So wurden systematisch sämtliche Insignien westlicher Frömmigkeit ausgelöscht, welche ganze Scharen von Pilgern im Verlauf von Jahrhunderten hinterlassen hatten. Dazu zählten Inschriften und Kreuze im Umfeld der Altäre, die als Ersatz für Ikonen und anderen typisch griechischen Schmuck dienten. Außerdem wurden die kostbaren Sarkophage des Gottfried v. Bouillon und seiner Nachfolger entfernt sowie die prachtvolle Ädikula, die sich über dem Christusgrab befand.
Der Kalvarienberg war - wie Roberts' Darstellung veranschaulicht - von einer kleinen, jedoch reich geschmückten Kapelle überwölbt. In der Mitte stand ein Altar, unter dem sich eine mit vergoldetem Silber ausgekleidete Öffnung befand, in der das Kreuz befestigt war.
Zu beiden Seiten des Altars markierten zwei vergleichbare Öffnungen die Stellen, an welchen die Kreuze der beiden Schächer gestanden hatten.
Heute gibt es auf dem Kalvarienberg zwei gegenüberliegende Kapellen, die eine katholisch, die andere griechisch-orthodox. In der ersten Kapelle kennzeichnen zwei Stationen des Kreuzweges jeweils die Stelle, an der Jesus seiner Kleider beraubt und ans Kreuz genagelt wurde; in der zweiten Kapelle, die für die zwölfte Station steht, ist der Punkt markiert, an dem der Messias am Kreuz starb. Hinter dem Altar stellen drei lebensgroße Ikonen Christus am Kreuz, die Jungfrau Maria und Johannes dar, während sich zwischen beiden Kapellen der kleine Altar des Stabat Mater befindet.

Die Ädikula des Heiligen Grabes

Abbildung 78

10. April 1839

Auf den ersten Blick wirkt das Innere der Basilika des Heiligen Grabes mit seiner dunklen Atmosphäre, vermischt mit Kerzenduft, dem gedämpften Licht und den verhaltenen Gebeten eher beklemmend. Trotz dieses ersten Eindrucks erstrahlt die Kirche in einem Glanz, von dem man nicht unberührt bleiben kann. Der Grundriß der Kirche spiegelt stärker die wechselvolle Geschichte denn den Willen eines Baumeisters wider. Außerdem haben die Kompetenzstreitigkeiten unter den religiösen Gemeinschaften um das Heilige Grab nicht unwesentlich zu dieser architektonischen Vielfalt beigetragen.
Im Verlauf der Jahrhunderte erlangte jeder Winkel des Bauwerks eine ganz spezifische Bedeutung. Jeder freie Platz um das Hauptdenkmal wurde zur Errichtung kleiner Kapellen genutzt, die Ereignisse und Personen preisen, die an der Kreuzigung und Wiederauferstehung Christi in irgendeiner Weise Anteil hatten.
Das Herzstück der Basilika ist allerdings die Marmor-Ädikula, die in der Mitte der Anastasis bzw. der Rotunde steht, in der das Christusgrab verehrt wurde.
Das kleine von einer sonderbar geformten Kuppel überwölbte Bauwerk hat seinen phantasievollen, überladenen Stil einem unbekannten griechisch-orthodoxen Architekten zu verdanken, der sein Werk 1817 vollendete. Das Innere ist in zwei kleine Räume unterteilt: Bei dem einen handelt es sich um die sogenannte Engelskapelle, in welcher der Stein verwahrt wird, auf dem der Engel gesessen hatte, der den frommen Frauen die Auferstehung Christi verkündet hatte; der zweite besteht aus der eigentlichen Grabkammer, die auch die letzte Kreuzwegstation darstellt. Das in den Golgothafelsen gehauene Grab wurde von Joseph von Arimatäa als Schenkung zur Verfügung gestellt, damit der Leib des Messias ein würdiges Grab erhalte: In diesem engen Raum, der nicht mehr als sechs Personen fassen kann, steht ein mit einer Marienikone verzierter Altar über einer Konsole aus Stein, die heute von einer polierten Marmorplatte verdeckt wird und in der sich der Leib Christi befand. Über der Grabstätte hängen dreiundvierzig Silberampeln: Dreizehn wurden von den lateinischen Christen, dreizehn den Griechisch-Orthodoxen und ebensoviele von den Armeniern gestiftet.
Die restlichen vier werden von der koptischen Kirche verwaltet.

Shrine of the Holy Sepulchre.
David Roberts.

Greek Church of the Holy Sepul
Jerusalem.
April 11th - 1839.

Das Katholikon des Heiligen Kreuzes

Abbildung 79

11. April 1839

Das Hauptschiff der Basilika des Heiligen Kreuzes bildet das sogenannte "Katholikon", das reich ausgeschmückt ist; es hat einen rechteckigen Grundriß mit Absis, der sich durch eine hohe Ikonostase in zwei Teile gliedert. Eine solche Trennwand ist bezeichnend für die griechischen Kirchen, wobei sich das Presbyterium den Blicken der Gläubigen entzieht. Die Ikonostase besteht aus zwei Reihen schlanker Säulen, deren Zwischenräume kostbare Ikonen schließen.
Über dem Schiff des Katholikon befindet sich ein "Omphalos", von dessen mächtiger Kuppel ein gewaltiger Leuchter herabhängt. Nach dem Brand im Jahr 1808 wurde, wie bereits erwähnt, das Heilige Grab von den griechischen Mönchen baulich stark verändert, die dank finanzieller Mittel aus Rußland, das sich der orthodoxen Kirche im Heiligen Land besonders verbunden fühlte, zu den eigentlichen Herren der Kirche wurden.
In der Darstellung legt Roberts besonderen Wert auf die prachtvolle Ikonostase und auf den üppigen Schmuck, mit dem das Innere in den verschiedensten Stilen ausgestattet ist. Auch wenn der griechisch-orthodoxe Ritus Skulpturen in Kirchen nicht zuläßt, ist das Innere der Basilika mit zahlreichen Gemälden, vergoldeten Stuckarbeiten, Votivlampen und kostbarem Marmor reich ausgestattet. Genau unter dem Leuchter in der Mitte des Schiffes befindet sich ein kleiner, seltsam geformter Kübel, der von christlichen Pilgern sehr verehrt wird, denn er soll direkt über dem "Nabel der Welt" stehen. Das jetzige Katholikon weicht stark von der Darstellung Roberts' ab, da jüngste Restaurierungsarbeiten dem Raum wieder seine ursprüngliche Form gegeben haben, die bis in die Kreuzfahrerzeit zurückreicht.

DER BETHESDA-TEICH

Abbildung 80

12. April 1839

Im Lateinischen bezeichnet "piscina" jede Art von Becken ohne Überdachung, das als Wasserreservoir, Fischteich oder Schwimmbecken dient. Im antiken Jerusalem wurde die große Zisterne für Süßwasser im nordöstlichen Teil der Tempelmauern unweit der St.-Anna-Kirche "piscina probatica" genannt. Vermutlich sorgten die ersten christlichen Mönche dafür, daß jedes größere Denkmal der Stadt Davids einen biblischen Namen bekam. So wurde dieses faszinierende Bauwerk von ungefähr einhundertzehn Metern Länge, etwa vierzig Metern Breite und zwanzig Metern Tiefe, mit der Gestalt Bethesda in Verbindung gebracht. Die tiefste Stelle der Zisterne stammt aus der Zeit der Asmonäer, während die wasserdichte Ummantelung römischen Ursprungs ist.
In byzantinischer Zeit entstand in der Nähe eine große Kirche; dann errichteten die Kreuzfahrer eine Kapelle. Leider sind diese späteren Bauten, die in der Stadtgeschichte Jerusalems einen eigenen Mikrokosmos darstellten, im Laufe der Jahrhunderte nach und nach verloren gegangen; heute sind nur noch spärliche Überreste vorhanden. Die Überlieferung erzählt, daß im Teich Bethesda die Schafe vor ihrer Opferung im Tempel gereinigt wurden. Nach dem Johannes-Evangelium soll Jesus hier den Krüppel geheilt haben.
In der bildlichen Wiedergabe Roberts' ist der tiefe Graben mit Trümmern und Geröll übersät und mit ein paar Sträuchern bewachsen. Lediglich ein Teil des Grabens wurde von einer Wasserader geschaffen, die freilich nur im Frühjahr infolge der dann einsetzenden Regenfälle Wasser führte.

Aus dem Tagebuch von David Roberts:

12. April - Ich habe den ganzen Tag lang gezeichnet und bei meiner Ankunft zuhause erfahren, daß der Konsul nach mir gefragt hatte. Heute bin ich über die Hügel gestreift, habe jedoch keinen guten Weitblick über die Stadt ausfindig machen können.

Ansicht von Jerusalem, von Norden

Abbildung 81

13. April 1839

Auf seinen Streifzügen in die Umgebung sah Roberts die Siedlung aus den verschiedensten Perspektiven, die ihn zu einer Reihe eindrucksvoller Zeichnungen inspirierten. Vor allem die nebenstehende Darstellung macht den zauberhaften Reiz der Stadt deutlich. Sie rief in Roberts wie auch anderen Betrachtern starke Stimmungen und Gefühle hervor. Die Goldene Stadt, entstanden an den Hängen sanfter Hügel, geographisch zerteilt, aber dennoch eine geistige Einheit, war schon immer der Schnittpunkt zwischen Ost und West, zwischen völlig verschiedenen Welten und Völkern. Vielen gilt Jerusalem als Mittelpunkt des Universums und zugleich als Symbol des Zeitlosen. Jerusalem präsentiert sich als eine Stadt mit niedrigen Häusern und engen Gassen, in denen Altertum und Moderne nebeneinander bestehen, so wie auf engstem Raum die wichtigsten Heiligtümer der drei monotheistischen Weltreligionen vereint sind. Jerusalem, ein Schmelztiegel verschiedener Kulturen, ist der Schauplatz von Geschichte schlechthin. Das wird noch deutlicher, wenn man sich die erstaunliche Vielfalt der einzelnen Volksgruppen vor Augen führt. Juden, Araber, Moslems, Christen und Drusen leben von zerbrechlichen Banden zusammengehalten nebeneinander, denn ihnen wurde die Möglichkeit gegeben, ihre eigene Identität zu wahren. Vielleicht verbirgt sich hinter dieser eigentümlichen Balance das Geheimnis einer Stadt, die im Verlauf von Jahrtausenden zahlreiche blutige Kämpfe erlebt hat, die aus politischen und religiösen Interessen gespalten wurde, die jedoch stets ihren heiligen und universalen Charakter bewahren und bekräftigen konnte.

Das Damaskustor

Abbildung 82

14.-15. April 1839

Zu den bemerkenswertesten Baudenkmälern Jerusalems zählt zweifellos die mächtige Umfassungsmauer. Über vier Kilometer lang folgt sie teilweise der Linie der römischen Festungsanlage, zu einem anderen Teil entspricht sie dem Verlauf der Mauer aus der Kreuzfahrerzeit. Die heute die Altstadt umgebende Verteidigungsanlage, erbaut aus mittelgroßen Steinquadern und Spolien, wurde zwischen 1536 und 1542 auf Wunsch von Süleyman dem Prächtigen vollendet, als Palästina unter türkischer Herrschaft war. Die Mauer, deren Zinnen, Wehrgänge und Innentreppen noch gut erhalten sind, wird durch acht Tore unterbrochen, sieben davon, wuchtig und wohl proportioniert, erheben sich auf den Fundamenten älterer Eingänge, die zum Teil in die Anlage integriert sind. Als David Roberts Jerusalem besichtigte, waren lediglich vier Tore geöffnet. Zu den schönsten und bekanntesten zählt das Damaskustor. Einst wurde es Dal-el-Amud genannt; sein moderner Name bezieht sich auf den Verlauf der Straße nach Syrien und gen Norden. Nicht zuletzt aufgrund seines Spitzbogens, der von zwei mächtigen quadratischen Türmen mit Pechnasen an den Ecken eingerahmt wird, wirkt dieses Tor prachtvoller als die übrigen. Heute wie einst, als der englische Reisende das Tor zeichnete - verkleidet als Araber und mit einem Gefolge von Kamelen und Dienern - wird in der Nähe Markt gehalten, wobei die Luft geschwängert ist vom Lärm laut feilschender Stimmen und von aromatischen Gewürzen. Es fällt nicht schwer, sich in den nahegelegenen Wechselstuben noch Gold- und Silbertaler auf Präzisionswaagen vorzustellen. Doch auch wenn diese unterdessen durch Geldscheine und Taschenrechner ersetzt wurden, ist an diesem Ort die Tradition des Handels eng mit der Geschichte jener Steine verknüpft. Die Darstellung trägt das Datum vom 14. April. Am Tag darauf verließ Roberts die Stadt in Richtung Nablus. Wie wir aus dem Eintrag in sein Reisenotizbuch von diesem Tag erfahren, verbrachte er wegen umherstreunender Schakale eine unruhige Nacht im Zelt.

Von Jerusalem nach Baalbek

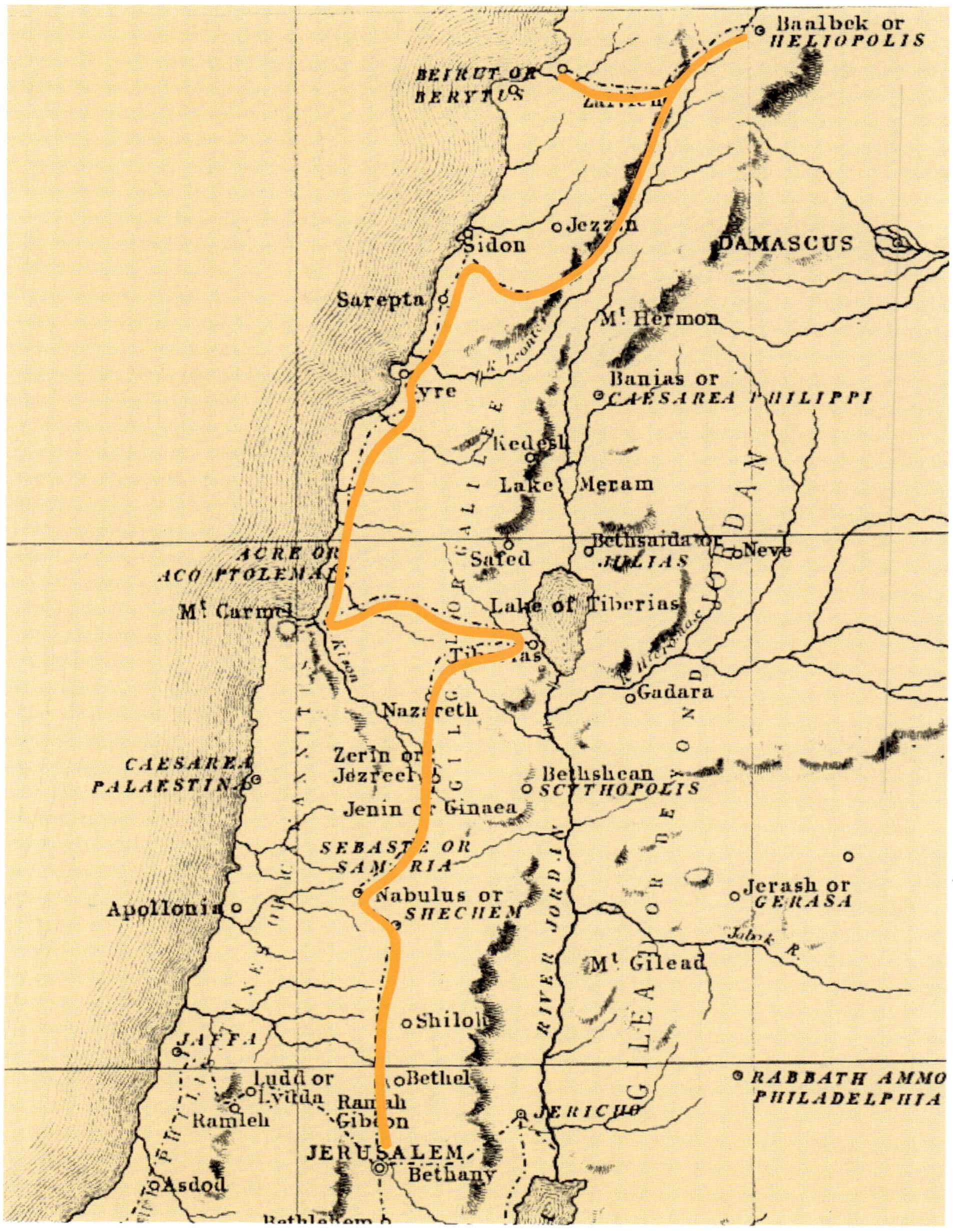

16. April-8. Mai 1839

David Roberts. R.A

The

Holy Land,

Syria, Idumea, Arabia, Egypt & Nubia.

FROM DRAWINGS MADE ON THE SPOT BY

David Roberts, R.A.

WITH HISTORICAL DESCRIPTIONS, BY

THE REVD GEORGE CROLY, L.L.D.

LITHOGRAPHED BY

LOUIS HAGHE.

VOL 2.

David Roberts. R.A.

Baalbec, from the Fountain. May 7th 1839.

LONDON, F. G. MOON, 20, THREADNEEDLE STREET,
PUBLISHER IN ORDINARY TO HER MAJESTY.
MDCCCXLIII.

Ansicht von Nablus

Abbildung 83

16. April 1839

Mit britischer Korrektheit vermerkte David Roberts, am 16. April gegen drei Uhr nachmittags in Nablus eingetroffen zu sein. Berücksichtigt man das am Rand der Lithographie eingravierte Datum, die von der rechts dargestellten Karawane eingeschlagene Richtung (die vermutlich auch Roberts verfolgte) und den genauen Eintrag ins Tagebuch, so stellt diese Abbildung wohl zutreffender jenen Moment dar, in dem die Karawane den Ort verließ und bezieht sich nicht auf den Einzug der Gruppe in die Stadt, wie auf der Lithographie vermerkt. Nablus, das alttestamentliche Sichem, liegt zwischen den Bergen Ebal und Garizim etwa fünfzig Kilometer nördlich von Jerusalem in einer Senke, die sich bis zum Mittelmeer erstreckt. Die Stadt, heute der wichtigste Handelsplatz Samarias und bedeutender Agrarmarkt, verdankt ihren Namen Titus, der sie 70 n.Chr. errichtete und zu Ehren seines Vaters Flavius Vespasian Flavia Neapolis nannte. Sie liegt in einem quellenreichen fruchtbaren Tal, das in krassem Gegensatz zu den übrigen kargen Talebenen auffallend grün wirkt. Schon früher war Nablus wegen seiner Obstplantagen berühmt. Auf Roberts machte die Stadt denn auch einen einladenden und beschaulichen Eindruck.
Die Bürger waren in seinen Augen die wohlhabendsten, die er bislang in Palästina angetroffen hatte.

Aus dem Tagebuch von David Roberts:

16. April - Die Lage der Stadt ist traumhaft. Nablus liegt zwischen den Bergen Ebal und Garizim und ist vor den Süd- und Nordwinden gut geschützt...

Nablus, das alte Sichem

Abbildung 84

16. April 1839

Nablus ist heute ein belebtes Wirtschaftszentrum, das von der Landwirtschaft und der Kleinindustrie lebt. Noch erhalten sind die Synagoge der Samariter, der Markt und der Flair der alten Viertel. Wie im Fall von Hebron, Jericho und zahlreichen anderen Städten Israels, ist auch der Name Sichem den meisten Juden wohlvertraut. In diesen Orten verhieß der Herr Abraham die Herrschaft über das Land Kanaan, hier wurde die Bundeslade aufbewahrt und hier trafen sich später die zwölf Stämme Israels, um den Nachfolger Salomos zu wählen. Die Sekte der Samariter formierte sich etwa im 7. Jahrhundert v.Chr. in Sichem. Ihre Ursprünge reichen in die Zeit zurück, als Assyrer die Juden des Nordreiches in die Verbannung trieben, Gruppen von Zuwanderern aus Asien in die Region gelangten und sich bald mit der noch verbliebenen Bevölkerung vermischten. Als die Juden aus dem babylonischen Exil zurückkehrten, machten sie sich an den Wiederaufbau des Tempels und der Stadt Jerusalem; die Samariter boten ihre Hilfe an, wurden jedoch abgewiesen. Daraufhin errichteten diese ihren eigenen Tempel auf dem Berg Garizim, was zum endgültigen Bruch mit den Juden führte. Im Jahr 129 v.Chr. zerstörte Johannes Hyrkanos die Stadt Sichem und ihren Tempel, der nicht wiederaufgebaut wurde. Die Samariter, die vom orthodoxen Judentum ob ihres Synkretismus und ihrer Nichtanerkennung des Talmud abgelehnt werden, bilden heute lediglich eine Gruppe von mehreren hundert Personen, die sich in zwei Gemeinschaften gliedern: die eine in Holon, unweit von Tel Aviv, die andere hier in Nablus, die sich selbst Somerin (die Wächter) nennt, da ihre Mitglieder glauben, treue Wächter der Offenbarung zu sein. An Ostern ziehen die Anhänger der Sekte zum Gipfel des Garizim empor, um unweit der Trümmer des Tempels ihren Ritus zu zelebrieren.

Der Jakobsbrunnen in Nablus

Abbildung 85

In der Synagoge der Samariter von Nablus wird das berühmte Gesetz des Pentateuch aufbewahrt, das einzige heilige Buch, das von den Anhängern der Sekte anerkannt wird: Dem heiligen Hieronymus war der Text bereits bekannt; die Übertragung ins Hebräische erfolgte jedoch erst im 11. oder 12. Jahrhundert n.Chr. In seinem Tagebuch vermerkte Roberts, daß er am 17. April die Synagoge besichtigt und sich dann später zum Jakobsbrunnen begeben habe, der südlich von Nablus an der Straße nach Jerusalem liegt. Er verschweigt seine Enttäuschung nicht und vermerkt, der heilige Ort sei ihm wie ein verwahrlostes Trümmerfeld erschienen: Lediglich

ein paar Säulenstümpfe, die zwar halb verschüttet, aber noch in situ standen, zeugten von der Kirche, die der Überlieferung zufolge von der Kaiserin Helena errichtet worden sein soll. Darüber hinaus stellte Roberts folgende Überlegungen an: So wie die Überreste der Kirche aller Wahrscheinlichkeit jünger seien als gemeinhin behauptet, müsse auch die Gleichsetzung des Brunnens mit demjenigen, an dem Jesus die Samariterin getroffen habe, als eher zweifelhaft gelten. In der Gegend gibt es nämlich weitere drei oder vier Quellen, auf die die Beschreibung im Evangelium

zutreffen könnte. Doch auch in diesem Fall sollte man die seit vielen Generationen von frommen Pilgern gepflegten Konventionen nicht einfach außer acht lassen. Ihre Wallfahrten verleihen den wenigen konkreten Anhaltspunkten, die noch verblieben sind, eine eigene historische Dimension.

Aus dem Tagebuch von David Roberts:

17. April - Ich habe die Synagoge der alten Samariter besichtigt, wo man mir zwei alte Handschriften des Pentateuch gezeigt hat. Später habe ich mich zum Jakobsbrunnen begeben, wo der Erlöser der Samariterin begegnet ist...

17. April 1839

Tomb of Joseph at Shechem

Das Josephsgrab in Nablus

Abbildung 86

17. April 1839

Unweit von Nablus in einem Ort namens Askar befindet sich das Grab, in dem der Überlieferung nach Joseph und seine beiden Söhne, Ephraim und Manasse, begraben sind, die als die Häupter der betreffenden Stämme Israels gelten. Über Jahrhunderte hinweg war dieser Ort mit seinem Namen verbunden, und das kam auch jener heiligen Stätte zugute. Joseph war ein frommer und vor allem gerechter Mensch, der in Ägypten in der festen Überzeugung starb, Palästina sei das Gelobte Land seines Volkes. Da die Juden auf ihrem Exodus den Leichnam Josephs mit sich führten, erwarb Jakob für hundert Silbertaler in der Nähe des alten Sichem das Land, in dessen Erde er Joseph begraben konnte. Dieses Ereignis begründete formal den Anspruch des jüdischen Volkes auf das Land Kanaan. In der Zeichnung von David Roberts, der gleich nach der Besichtigung des Jakobsbrunnens hierher kam, präsentiert sich das Josephsgrab wie ein mächtiger verputzter Felsblock, flach und niedrig. In die eine Seite ist eine Nische von geringer Tiefe gehauen, in der einige Lämpchen brennen, die einige Gläubige vermutlich als Zeichen ihrer Frömmigkeit dort angezündet haben. Die beiden etwa viereckigen Quader, die sich zu beiden Seiten des Grabes erheben, gelten traditionell als die Grabsteine Ephraims und Manasses.

Sebastje, das alte Samaria

Abbildung 87

Nachdem David Roberts und seine Reisegefährten am Nachmittag des 17. April Nablus hinter sich gelassen hatten, lag nach zweieinhalb Stunden Ritt das alte Samaria vor ihren Augen. Die Stadt wurde im Jahr 925 v.Chr. von Omri, dem König Israels, gegründet, der sie nach Sichem und Tirza zur dritten Hauptstadt seines Reiches machte. Samaria wurde von den Aramäern, Assyrern und schließlich den Persern mehrfach belagert, von Alexander d.Gr. und dann von Johannes Hyrkanos zerstört und von Herodes d.Gr. wiederaufgebaut, der sie zu Ehren Octavians Sebastje (d.h. "Augusta") nannte und den Römern übergab.

Die moderne Stadt erhebt sich am östlichen Hang des Hügels, während sich auf der Bergkuppe ein interessantes archäologisches Gebiet befindet. Die Ausgrabung wurde bereits in den ersten Jahrzehnten unseres Jahrhunderts von Amerikanern durchgeführt. Zu sehen sind die Überreste des Omri-Palastes aus assyrischer Zeit, die Ruinen eines prachtvollen Forum Romanum und vor allem die Kirche Johannes d.Täufers, welche die Kreuzfahrer auf den Fundamenten eines byzantinischen Tempels errichtet hatten. In der Krypta werden die Reliquien von Johannes d. Täufer sowie von Elisa und Elia verehrt.

Im Tagebuch notierte Roberts, das selten ruhige und grüne Sebastjetal, das sich deutlich vom kargen Umland abhob, erinnere ihn an eine englische Ackerfläche. Im empfindsamen Stil eines Romantikers beschreibt der Künstler seine Gefühlsregungen beim Anblick der stillen, verlassenen Ruinen von Sebastje, eingetaucht ins warme Abendlicht. Die Darstellung Roberts' läßt die großartigen Kolonnaden des Herodespalastes deutlich erkennen. Der Palast war ursprünglich neunhundert Meter lang; über seine Funktion können bis heute nur Vermutungen geäußert werden. Nach einer großartigen Blütezeit erlebte Sebastje mit dem Aufstieg des benachbarten Nablus einen raschen Niedergang, und im Mittelalter standen nur noch Ruinen.

Aus dem Tagebuch von David Roberts:

17. April - Die Stadt ist von erhabener und imposanter Erscheinung, umgeben von fruchtbarem Ackerland sowie reich an Bäumen. Die Überreste eines christlichen Klosters erheben sich über einem herrlichen Tal...

17. April 1839

Ruinen der Kirche des Hl. Johannes d. Täufers in Sebastje

Abbildung 88

18. April 1839

Roberts hatte das Lager unmittelbar am Fuß des Hügels aufgeschlagen, auf dem das antike Sebastje lag. Am 17. und 18. April unternahm er Ausflüge in die nähere Umgebung, über die er ausführlich berichtete. Von der Kirche des Hl. Johannes d. Täufers, die an jenem Ort errichtet wurde, an dem Johannes das Martyrium durch Enthauptung erlitten hatte, standen die Mauern noch bis zu einer beachtlichen Höhe; die hohen schmalen Fenster wiesen Stilelemente aus normannischer Zeit auf. Zahllose umherliegende Steinblöcke waren mit Fabelgestalten und menschenähnlichen Köpfen geschmückt. Der Tambour, der Altar und die niederen Fenster wiesen offenbar griechische Elemente auf, während die Spitzbögen der Schiffe und die hohen Fenster schon den gotischen Einfluß verraten. Die Säulen waren zweifellos korinthisch. Als Baumaterial hatte man hauptsächlich Tuffstein verwendet, der von den umliegenden Hügeln abgetragen worden war. In der Mitte des über 45 Meter langen Schiffes stand das Grab eines Scheichs. Zum Abschluß seiner

Erläuterungen zur Architektur vermerkt Roberts, er datiere den Bau eher in die Kreuzfahrerzeit, auch wenn der Volksmund die Gründung der Hl. Helena zuschriebe. Seine These sah er durch die zahlreichen ins Gestein gemeißelten Kreuze gestützt.

Aus dem Tagebuch von David Roberts:

18. April - Im Zentrum der Stadt (sofern ein paar öde Behausungen eine solche Bezeichnung verdienen) erheben sich einige große Bögen aus gehauenen Steinen, bei denen es sich um die einzigen Reste einer christlichen Kirche handelt, die einmal prachtvoll ausgesehen haben muß.

Jenin

Abbildung 89

19. April 1839

Aus Roberts' Reisetagebuch erfahren wir, daß seine Karawane Sebastje am Nachmittag des 18. April verließ und zu später Nachtstunde in der Ortschaft Abate eintraf, die auf einer Hügelkuppe in der Nähe eines Sees lag, an dem sie schließlich ihre Zelte aufschlugen. Von der männlichen Bevölkerung waren im Dorf fast nur noch alte und gebrechliche Männer zurückgeblieben, da die jungen Männer größtenteils eingezogen worden waren. Roberts fand vor allem die Kleidung der Frauen bemerkenswert, die er knapp folgendermaßen beschrieb: "Die Kleider bestehen aus einer weiten weißen Tunika und einer roten Kordel um die Taille; ein roter Schleier ist um den Kopf gehüllt. Ein Schal gleicher Farbe verdeckt den unteren Teil des Gesichts und ist über die Schulter geworfen. Eine Kette mit großen herabhängenden Silbertalern umkränzt ihre Stirn gleich unter dem schwarzen Haaransatz."

Die Gruppe machte sich bei Morgengrauen auf den Weg, und schon bald lag Jenin vor ihnen, ein freundliches Dorf am Eingang eines Tals gelegen, das in die fruchtbare Ebene Esdraelon mündet. Die sich inmitten einer grünen Oase erhebende Kleinstadt ist heute ein florierendes Agrarzentrum und Hauptort des gleichnamigen Bezirks. Manch einer vermutet, es könnte sich hierbei um das antike Yizreel/Jesreel? handeln, doch nicht alle Wissenschaftler stimmen dem zu. Sicher erscheint nur, daß Jenin zum erstenmal in der Kreuzfahrerzeit belegt ist. Wegen der günstigen Anbindung Jenins an die Straße von Jerusalem nach Nazareth wurden die nach Palästina reisenden Pilger zunehmend mit dem Ortsnamen vertraut. Gleichsam um die Fruchtbarkeit dieser Region anschaulich werden zu lassen, stellt Roberts den Ort an einem wasserreichen Flußlauf gelegen und von Palmen umsäumt dar.

David Roberts R.A.

Der Berg Tabor

Abbildung 90

19. April 1839

Nachdem Roberts und seine Begleiter Jenin passiert hatten, folgten sie der Straße, die sie durch die Ebene Esdraelon nach Nazareth bringen sollte. Die in der Bibel mehrfach erwähnte Ebene Esdraelon, durch die der Qishon fließt, wird von den Hügeln Samarias, im Norden von den Hügeln des Karmel und im Süden von denen Galiläas begrenzt. An bedeutenden Verbindungsstraßen des Altertums gelegen, war es Schauplatz berühmter Schlachten: Barak besiegte hier Sisera, Gideon die Midianiter, Ahab die Assyrer, Saul wurde von den Philistern besiegt und ermordet, Josia erlitt eine Niederlage unter dem Pharao Necho. Im Jahr 1799 schlug hier Napoleon das türkische Heer.
Das seit Jahrhunderten landwirtschaftlich genutzte und besiedelte Gebiet ist heute fruchtbares Agrarland mit hoher Bevölkerungsdichte. Die das Umland beherrschenden Höhenzüge sind die Berge Gilboa, Hermon und der eindrucksvolle Berg Tabor. Besonders der Tabor beflügelte die Phantasie David Roberts': Er zeichnete ihn zwar, fand ihn aber weitaus weniger imposant, als er ihm zuvor auf anderen Zeichnungen erschienen war. Der Höhenzug hat durch die dichte Besiedlung und die über Jahrhunderte hinweg intensiv betriebene Landwirtschaft einen Teil seiner Urtümlichkeit verloren, zumal die zuweilen bizarren Kuppen begradigt wurden. Roberts beendet jedoch seinen Eintrag mit der Bemerkung, dies sei wohl das Schicksal sämtlicher Höhenzüge Palästinas. Die im Vordergrund der Lithographie wiedergegebene Karawane bestand aus christlichen Wallfahrern, die von Jerusalem kommend nach Damaskus unterwegs waren und denen Roberts zur Mittagszeit begegnet war.

David Roberts, R.A.

Nazareth

Abbildung 91

19. April 1839

Dem Reisetagebuch zufolge schlängelte sich der Weg nach Nazareth zunächst durch die Hügellandschaft und fiel dann schroff zu einem kleinen Dorf hin ab, das sich gleichsam in den schützenden Berghang eingegraben hatte. Im Arabischen und im Hebräischen bedeutet Nazareth "Die Wächterin". Wenn sich der Name ursprünglich auf die strategische Lage des Ortes bezog, der die Ebene Esdraelon beherrschte, so scheint er heute eher auf die Funktion Nazareths als Hüterin der christlichen Tradition anzuspielen, die von Franziskanermönchen gepflegt wird. Auch wenn Nazareth, wo Jesus als Kind lebte, seit Urzeiten besiedelt ist, hat die Stadt erst kürzlich eine beachtliche Ausdehnung erreicht. Die alten weißgetünchten Häuser ziehen sich bis zur Bergkuppe empor, auf dem die Christuskirche liegt, während sich darunter moderne Bauten aneinanderreihen. Der vielschichtigen Besiedlungsgeschichte entspricht eine nicht minder komplexe ethnische und religiöse Zusammensetzung der Bevölkerung. Außer Moslems und Juden, die in der Altstadt bzw. im Neubauviertel Illit leben, gibt es zahllose Gemeinschaften von Christen, Griechisch-Orthodoxen, Maroniten und Angehörigen konfessioneller Minderheiten, die über ihre eigenen Kultstätten verfügen. Zur Zeit Roberts, der vom Abt des lateinischen Klosters empfangen wurde, zählte Nazareth kaum dreitausend Seelen.

Die Basilika der Verkündigung

Abbildung 92

Nazareth war bis ins 4. Jahrhundert v.Chr. ausschließlich von Juden bewohnt. Da der Bibel zufolge Maria die Geburt Jesu in diesem Ort verkündet wurde, ließen sich hier die ersten Christen nieder und erbauten hier ihre Kirche. An deren Stelle wurde in byzantinischer Zeit eine Basilika errichtet; von dem folgenden Bau aus der Kreuzfahrerzeit sind nur noch wenige Reste erhalten. Von den Arabern unter Saladin 1187 erobert, besuchte im Jahr 1252 der französische König Ludwig der Heilige Nazareth. Im Jahr 1363 zerstörte der Mameluckensultan Baibars alle christlichen Heiligtümer der Stadt, die über vierhundert Jahre als Ruinen dalagen. Im Jahr 1620 errichteten die Franziskaner dort eine Kirche und ein Kloster, das 1730 erweitert wurde. In der Umgebung dieser Anlage entstand die heutige Stadt. Die Franziskanerkirche wurde schließlich 1955 niedergerissen, um einem prächtigen vom italienischen Architekten Giovanni Muzio entworfenen Komplex Platz zu machen. Die am Vorabend des Sechs-Tage-Krieges fertiggestellte Verkündigungskirche ist das größte christliche Gotteshaus des Nahen Ostens, das mit Hilfe öffentlicher Gelder des Staates Israel gebaut wurde. Die Darstellung von David Roberts veranschaulicht das Innere der Kirche, wie es sich im April 1839 präsentierte. Der Bau besteht aus drei Stockwerken, die über Stufen miteinander verbunden sind. Im obersten Geschoß befindet sich der den Mönchen vorbehaltene Chor, im mittleren Stock der für die Gläubigen vorgesehene Bereich,

und die unterste Ebene beherbergt die Reste der Verkündigungsgrotte. Das barocke Bauwerk ist reich ausgeschmückt und enthält eine Fülle von Votivbildern, Kandelabern und Silberampeln. Kostbare Damaste verhängen Pfeiler und Hauptaltar.

20. April 1839

Die Verkündigungsgrotte

Abbildung 93

20. April 1839

Unter der Verkündigungskirche befand sich ein unterirdischer Raum. Hier markiert ein Altar, verziert mit von christlichen Fürsten gestifteten Silberampeln, die genaue Stelle, wo der Engel der Jungfrau Maria erschienen war, um ihr den göttlichen Auftrag zu verkünden. Die beiden Säulen, die bei Roberts' Aufenthalt in Nazareth noch zu beiden Seiten des Altars standen, wurden der Kaiserin Helena zugeschrieben. Der Legende zufolge soll sie diese nach einer Vision am Ort der Verkündigung aufgestellt haben. Eine der zwei Säulen, die auf der Lithographie deutlich zu erkennen ist, wurde von einem türkischen Pascha, der raffgierig nach einem Schatz gesucht hatte, zerstört. Für dieses Sakrileg bezahlte er allerdings mit seinem Augenlicht. Die Mönche glaubten hingegen, der obere Teil schwebe auf göttlichen Befehl in der Luft. Ein aufmerksamer und unvoreingenommener Beobachter konnte freilich erkennen, daß das Säulenfragment an der Decke befestigt war. Der obere Teil war aus grauem Marmor, der untere Teil dagegen aus Cipolla-Marmor. Die beiden Säulen waren bei den gutgläubigen Pilgern jedoch so berühmt, daß diese sie zutiefst verehrten und davon überzeugt waren, bei Berührung würden sie als Heilmittel gegen alle Übel wirken. Gläubiger Eifer setzt häufig die Gesetze der Logik außer Kraft und neigt zu einem mehr oder weniger unschuldigen

Aberglauben. Die Überlieferung erzählt, die Jungfrau Maria habe in dieser Verkündigungsgrotte einen Großteil ihrer Jugend verbracht, und über dem engen Raum habe sich das Heilige Haus befunden, das von Engeln zunächst nach Dalmatien, dann in einen Wald nahe bei Recanati und schließlich nach Loreto überführt worden sei, um es vor dem Zugriff der Moslems zu retten.

Shrine of The Annunciation. Nazareth

Convent of the Terra-Santa. Nazareth. April 21st 1839.

Das Kloster des Heiligen Landes

Abbildung 94

20. April 1839

Die Stadt Nazareth liegt auf einem malerischen Plateau, inmitten von Olivenhainen, Feigen-, Mandelbäumen und Zypressen, an einem strategischen Punkt, den alle Invasoren des Heiligen Landes kontrollieren wollten. Neben der Verkündigungskirche stehen in Nazareth zahllose andere Heiligtümer der Christenheit wie der Marienbrunnen, die vermeintliche Werkstatt des Hl. Joseph und das Franziskanerkloster des Heiligen Landes. Ein paar Kilometer von der Siedlung entfernt, liegt der seit dem Altertum verehrte Fels, von dem aus dem Lukas-Evangelium zufolge der Teufel Jesus überreden wollte, sich hinabzustürzen. Am Fuß des Felsens erhebt sich eine kleine christlich-maronitische Kirche. Auf Roberts' Darstellung erscheint Nazareth als kleine Ansammlung von Häusern, beherrscht vom Minarett der Moschee und dem Bauwerk des Franziskanerkonvents. Das Kloster wurde um 1632 auf den Fundamenten einer älteren Kirche erbaut, und ein Jahrhundert später zum Teil befestigt; nach einer vor ein paar Jahren durchgeführten Renovierung gelangte es zu Wohlstand. Heute präsentiert sich Nazareth als eine Art Enklave innerhalb der Grenzen Galiläas, das im übrigen von einer großen Anzahl von Arabern bewohnt wird. Galiläa, Schauplatz zahlreicher biblischer Wunder, war immer schon ein Transitland. Die Isolation, in die es zeitweilig geraten war, konnte erst in den letzten Jahrzehnten überwunden werden. Wenn es heute zum Garten Eden Israels geworden ist, verdankt es diesen Umstand der harten und engagierten Arbeit der jüdischen Pioniere.

Der Marienbrunnen

Abbildung 95

20. April 1839

Der sogenannte Marienbrunnen, die einzige Trinkwasserquelle in der Nähe von Nazareth, wurde von den christlichen Pilgern besonders verehrt, denn der Überlieferung zufolge kam Maria in ihrer Jugend jeden Tag hierher. Der Brunnen lag unterhalb der griechischen Verkündigungskirche in einer kleinen mit einem Bogen überwölbten Nische, wo einst Erzengel Gabriel die Jungfrau Maria begrüßt haben soll. Für das Wasserbecken hatte man offenkundig einen Sarkophag zweckentfremdet. Da die wenig Wasser führende Quelle ein Stück entfernt lag, wurde das Wasser über ein steinernes Aquädukt Nazareth zugeführt. Im Sommer trocknete die Wasserader zuweilen aus. Die Einwohner Nazareths mußten sich dann Wasser aus anderen Dörfern besorgen. Die auf der Darstellung wiedergegebenen Frauen veranschaulichen, welches Brauchtum die Frauen dieser Region in der ersten Hälfte des vergangenen Jahrhunderts pflegten. Roberts vermerkte unter anderem, daß viele von ihnen lange Gehänge aus Gold- oder Silbertalern trugen. Diese bildeten einen herrlichen Kontrast zu ihrem langen schwarzen Haar und verliehen besonders den jungen Mädchen ein reizvolles Aussehen. Auch wenn die Frauen sicherlich bemerkt hatten, daß Roberts Christ war, unternahmen sie keinen Versuch, ihr Gesicht zu verschleiern.

Die Datierung dieser Zeichnung, wie jene auf den Abbildungen 91 bis 94, muß sicherlich auf der Grundlage des Reisetagebuches berichtigt werden. Den darin gemachten Angaben zufolge hat sich der Künstler vom 19. bis 20. April 1839 in Nazareth aufgehalten.

Aus dem Tagebuch von David Roberts:

20. April - Ich habe zwei farbige Zeichnungen von der Kirche, eine von der Verkündigungsgrotte bzw. -kapelle und zwei von der Stadt als Gesamtansicht angefertigt.
Für den Wallfahrer sind einige Plätze von Interesse: die Werkstatt des Joseph; der Fels, auf dem sich Christus mit seinen Jüngern niederließ und der Brunnen, an dem die Jungfrau Maria Wasser holte.

KANA VON GALILÄA

Abbildung 96

21. April 1839

Roberts verließ am Morgen des 21. April Nazareth und erreichte nach einem angenehmen einstündigen Ritt gegen Mittag Kana in Galiläa. Das Dorf, aus vierzig oder fünfzig zum Teil verfallenen Hütten bestehend, vermittelte einen erbärmlichen Eindruck und strahlte doch etwas Heiliges aus. Nach den Evangelien vollbrachte Jesus auf der Hochzeit zu Kana sein erstes Wunder, indem er Wasser in Wein verwandelte. Kurze Zeit später heilte er auf seiner Rückkehr von Judäa den Sohn eines königlichen Beamten der Stadt, der ihn aufgesucht hatte. Der Priester der kleinen griechisch-orthodoxen Kirche am Fuß des Hügels, die über dem Hochzeitshaus errichtet sein soll, zeigte Roberts eine Reliquie von unschätzbarem Wert. Es handelte sich um einen der Krüge, in denen Christus Wasser in Wein verwandelt hatte. Unweit der Kirche stand ein verfallenes Gebäude, in dem der Erlöser eine Zeitlang gewohnt haben soll. Trotz der Angaben in den Evangelien, auf die sich die lokale Tradition beruft, ist die Ortsbestimmung von Kana umstritten. In Frage kommen das heutige Kafr Kanna, nahe bei Nazareth gelegen, und das etwas abseits liegende Kafr Qana. Roberts verweilte nur wenige Stunden in diesem Ort, bevor er zum Galiläischen Meer aufbrach.

Der Brunnen von Kana

Abbildung 97

Aus dem in dieser Lithographie abgebildeten Brunnen stammte vermutlich das Wasser, mit dem der Messias sein erstes Wunder vollbracht hatte. Roberts berichtete, daß die Quelle reichlich Wasser von guter Qualität führte und die einzige im Umkreis von mehreren Meilen war. Dieser Umstand stützt die gemeinhin geäußerte Vermutung, es handle sich hierbei um den in der Bibel genannten Brunnen.

Der nahe beim Brunnen befindliche Marmortrog, den ein Fries schmückt, war eigentlich ein römischer Sarkophag, der in der Zwischenzeit zur Viehtränke umfunktioniert worden war. Das entsprach einer Gepflogenheit, die in Palästina und im ganzen Mittelmeerraum recht verbreitet war. Die Frauen von Kana zogen regelmäßig mit Wasserkrügen zum Brunnen, die mit jenen aus der Bibel in Größe und Material übereinstimmten. Es gehörte fast zum Ritual der Pilger, vor Betreten des Dorfes beim Brunnen Halt zu machen, um ihren Durst zu stillen.

Das Wunder auf der Hochzeit zu Kana gehört zu den seit altersher künstlerisch gestalteten Motiven: Es erscheint in den Fresken der Domitilla-Katakomben in Rom, auf den Mosaiken des Baptisteriums in Neapel und der Basilika von Sant'Apollinare Nuovo in Ravenna und taucht schließlich unter den Giotto-Fresken in der Scrovegni-Kapelle in Padua auf.

In der Renaissance und den beiden nachfolgenden Jahrhunderten war dieses Motiv besonders beliebt und wurde unter anderem von Gérard David, Longhi und Tintoretto aufgegriffen. Die berühmteste Darstellung der Hochzeit zu Kana ist zweifellos das im Louvre aufbewahrte Gemälde von Paolo Veronese, in dem berühmte zeitgenössische Persönlichkeiten als Hochzeitsgäste erscheinen: Franz I., Karl V., Maria von England, Suleiman, Tiziano und Veronese selbst mit seinem Bruder.

Aus dem Tagebuch von David Roberts:

21. April, Sonntag - Eine kleine griechische Kirche soll an der Stelle des Hauses gestanden haben, in der die Hochzeitsfeier stattgefunden hat. Ein verfallenes Gebäude wird hingegen als Wohnhaus des Erlösers angegeben. Am Ortseingang wurde uns ein Brunnen gezeigt, aus dem Wasser für das Hochzeitsmahl geholt wurde.

21. April 1839

DER SEE GENEZARETH

Abbildung 98

21. April 1839

Nachdem Roberts Kana hinter sich gelassen hatte, wurde er nach fünf Stunden Ritt des See Genezareths ansichtig, auf dessen glatter Oberfläche er kein einziges Boot ausmachen konnte. Von der Hügelkuppe hatte der Künstler einen herrlichen Weitblick: Am Fuß des Berges lagen die Überreste der Stadt Tiberias, die wenige Jahre zuvor durch ein Erdbeben zerstört worden war. Das Juwel Galiläas, der smaragdgrün schimmernde See Genezareth, liegt über zweihundert Meter unter dem Meeresspiegel, umgeben von einer üppig bewachsenen Hügelkette.
In den See mündet der Jordan, der an den Hängen des Hermon entspringt und in der Talebene des Toten Meeres endet. Der See Genezareth ist bekannt für sein salzhaltiges Wasser, das eine reiche Unterwasserflora aufweist.
An seinen Ufern hielt Jesus seine Predigten ab und belehrte die Jünger. In den Evangelien ist Tabgha als Schauplatz der wundersamen Brotvermehrung genannt, das nahegelegene Kapernaum als Wohnort des Hl. Petrus und der Berg der Seligpreisungen als der Ort, an dem Christus den Jüngern erschienen ist. Der eigentümliche Reiz, der vom sogenannten Meer von Galiläa ausgeht, hat die Phantasie der Menschen schon immer beflügelt, so auch vor zweitausend Jahren den jüdischen Historiker Flavius Josephus, der mit Enthusiasmus die Landschaft rings um den See beschrieben hat.

Aus dem Tagebuch von David Roberts:

21. April, Sonntag - Nachdem wir durch ein freundliches Feld gezogen sind, lag das Galiläische Meer in Sichtweite vor uns. In der Ferne, zu unserer Linken, erhebt sich der Berg Hermon und unweit von dem Punkt, an dem wir stehen, erstreckt sich Safed, die Stadt, in der die Juden auf die Ankunft des Messias warten, der dort vierzig Jahre regieren wird, ehe er in Jerusalem einzieht...

Der See Genezareth mit Blick auf den Hermon

Abbildung 99

21. April 1839

Der See Genezareth, auch als See Tiberias oder Kinneroth bekannt, ist ein kleines Binnenmeer, das in der Bronzezeit (Ende 3. Jahrtausend v. Chr.) durch Bildung eines tektonischen Grabens im Jordantal entstanden ist. Damals ist auch das Tote Meer entstanden, indem der Abfluß des Jordans in den Golf von Akaba abgeschnitten wurde. Vollkommene Dürre und hohe Durchschnittstemperaturen in der Region haben in Verbindung mit dem niedrigen Wasserstand und der im Vergleich zum See Genezareth größeren Oberfläche dazu geführt, daß die Verdunstung so stark war, daß der Wasserverlust durch den Zufluß aus dem Jordan nicht ausgeglichen wurde. Dadurch erhöhte sich zunehmend der Salzgehalt des Toten Meeres bei gleichzeitiger Verringerung seines Volumens.
Der bis zu neunundvierzig Meter tiefe See Genezareth wird regelmäßig mit Wasser aus dem Jordan gespeist; dank seines Abflusses findet ein ständiger Wasseraustausch statt, der den See zu einem wichtigen Wasserreservoir der Region macht.
Durch die außergewöhnliche Lage entladen sich über dem See im Winter häufig Gewitter, eine Erscheinung, die schon in den Evangelien Erwähnung findet, während im Sommer ständig eine angenehme Brise herrscht. Wegen der reichen Fischvorkommen bevölkern Tausende von Wasservögeln die Ufer und Schilfgräser dieses 23 Kilometer langen, winzigen "Meeres".
Von seinem klaren Wasser war Roberts beeindruckt. Den größten Teil des Tages verbrachte er am 22. April in Tiberias. Die Zeit reichte gerade aus, um die Stadt und ihr Umland zu besichtigen und einige Zeichnungen anzufertigen.
In dieser Lithographie erhebt sich der Berg Hermon in voller Größe mit den Resten der antiken Siedlung zu seinen Füßen.

Town of Tiberias, looking towards Lebanon.

Ansicht von Tiberias in Richtung Libanon

Abbildung 100

21. April 1839

Die wegen ihrer Heilwasserquellen berühmte Stadt römischen Ursprungs ist vor allem in den Wintermonaten ein beliebter Ferienort und als solcher auch über die Grenzen Israels hinaus bekannt. Sie wurde im Jahr 26 v.Chr. von Herodes Antipas, dem Sohn Herodes d.Gr., gegründet und zu Ehren des römischen Kaisers Tiberius Tiberias genannt. Andere leiten den Namen vom hebräischen "Tabur", d.h. Nabel ab, weil der am Rand dieser Stadt gelegene See ihres Erachtens eine entsprechende Form aufwies. Nach der Zerstörung des Tempels von Jerusalem wurde in Tiberias eine bedeutende Rabbinerschule gegründet: Hier vereinheitlichten die Gelehrten die hebräische Lautschrift. In konstantinischer Zeit wurde die Stadt Bischofssitz. Im Jahr 637 fiel sie in die Hände der Araber, die sie zum Hauptort ihrer Provinz Jordan machten. Zur Zeit des ersten Kreuzzuges nahmen Christen die Stadt ein und übergaben sie Tankred als Lehen; 1187 kam sie erneut unter arabische Oberhoheit und fiel vier Jahrhunderte später an die Türken, deren Herrschaft bis zum Ersten Weltkrieg andauerte. Jeder Besetzer hat der Stadt sein Gepräge aufgedrückt. Zu den bemerkenswertesten Denkmälern gehört das Grab des Rabbiners Meir Baal haNess sowie das Grab des Rabbiners und Märtyrers Akiba, beides jüdische Pilgerstätten. Die nebenstehende Ansicht von der Stadt und dem See, die von den schneebedeckten Gipfeln des Libanongebirges beherrscht wird, ist nicht nur pittoresk, sondern darüber hinaus auch von historischem Wert. Der Künstler vertrat nämlich die Auffassung, bei den im Vordergrund sichtbaren Ruinen könne es sich um die antiken Thermen von Tiberias handeln. Für eine solche Annahme sprechen die zahlreichen heißen Quellen in der unmittelbaren Umgebung. In hebräischer Sprache lauten die Quellen, die Rheumaleiden lindern sollen, Hamme Teverya.

Aus dem Tagebuch von David Roberts:

21. April, Sonntag - Im Süden fließt der Jordan vom See Genezareth ins Tote Meer. In der Nähe des Sees liegt die antike Stadt Tiberias, die vor einigen Jahren durch ein Erdbeben zerstört wurde, dem auch vierhundert Einwohner zum Opfer fielen...Nahe beim Eingang zur Stadt befinden sich die Ruinen einer kleinen Moschee. Heute sind wir an den Ruinen einiger alter Siedlungen vorbeigekommen mit in den Fels gehauenen Bauten.

Blick von den Stadtmauern auf Tiberias

Abbildung 101

Das Erdbeben vom Januar 1837 hatte Tiberias weitgehend zerstört. Die Stadt lag noch in Trümmern, als Roberts hierherkam und eine leidgeprüfte Bevölkerung antraf. Nur wenige Gebäude hatten das Beben überstanden; am Stadteingang lagen die Reste einer Moschee. Aus dem Schutt ragten hier und da ein paar Baracken, in denen ältere Juden lebten. Sie waren dank der Unterstützung der in alle Erdteile verstreuten Glaubensbrüder hierhergekommen, um hier ihre letzten Tage zu verleben. Tiberias ist eine der vier heiligen Städte Judäas neben Jerusalem, Hebron und Safed. Die Darstellung zeigt Safed vor dem Hintergrund des Libanongebirges. Die Stadt, die sich am Ort des alten Bethulia erhebt, entwickelte sich zu einem der bedeutendsten hebräischen Studienzentren des Talmuds, nachdem die Juden 1492 aus Spanien vertrieben worden waren. Die Verbannten gründeten zunächst in Tiberias eine bedeutende Rabbinerschule und errichteten 1563 die erste Druckerei Israels. In Safed fanden große Gelehrte Zuflucht wie beispielsweise Moshe Cordovero, Isaak Luria, Israel Najara und zahlreiche andere, die sich dem Studium der Heiligen Schrift widmeten und eine Exegese entwickelten, die den Zugang zur Kabbala erlaubte, mit der die geheimen mystischen Lehren des Judentums bezeichnet werden. Roberts brach am 22. April vom See Genezareth zur Küste auf und schlug für die Nacht sein Lager in der Nähe des einzigen Brunnens dieser Gegend auf.

Aus dem Tagebuch von David Roberts:

22. April - Heute habe ich verschiedene Skizzen von der Stadt bzw. von ihren Überresten angefertigt, denn fast jeder Winkel wurde durch das Erdbeben mehr oder weniger zerstört. Die Stadtmauern, ein Werk der Sarazenen, bestanden aus mächtigen behauenen Steinblöcken, die heute überall verstreut und mit dem unteren Teil zuoberst herumliegen...

22. April 1839

David Roberts R.A.

Saint-Jean-d'Acre, Blick vom Meer

Abbildung 102

23. April 1839

Akko, an der äußersten Spitze der Bucht von Haifa gelegen, ist eine der ältesten Städte der Welt. Die von Mauern aus der Kreuzfahrerzeit umgebene Stadt öffnet sich zur Weite des Mittelmeeres. Akko, heute der wichtigste Seehafen Israels, wurde nicht zuletzt wegen seiner strategischen Lage vielfach erobert. Die Herren der uralten Stadt waren in Folge die Ägypter, die Assyrer, die Perser und die Römer. Im Jahre 638 wurde sie von den Arabern eingenommen und 1191 Saladin entrissen, als Richard Löwenherz Akko belagerte und zur Hauptstadt des Kreuzfahrerreiches machte. Der europäische Name stammt von den Hospitalsbrüdern des Hl. Johannes, die die Keimzelle des Johanniterordens bildeten.
Im Jahr 1291 fiel die Stadt erneut an die Moslems und erlebte ihren raschen Niedergang. Zu einer neuen Blütezeit kam es erst unter den türkischen Emiren im 18. Jahrhundert. Mit Unterstützung der britischen Flotte widerstand sie den Angriffen Napoleons.
Die Stadt erhob sich in den ersten Nachmittagsstunden des 23. April vor Roberts' Augen, der vom herrlichen Anblick ganz gefangen war. Im Hafen lag ein großes Kriegsschiff vor Anker: Die Befestigungsanlagen der Stadt überragten die Ebene und bildeten einen deutlichen Kontrast zum blauen Meer, dessen Schönheit sogar einen Maler wie Turner inspiriert hätte. Roberts ließ seine Zelte unweit der Festungen aufschlagen und machte einen Streifzug durch die Stadt. An einem Großteil der Häuser sah er noch die Spuren des Krieges. Die Zeichnung Roberts' verdeutlicht den eigentümlichen osmanischen Baustil der Stadt, der vor allem auf die Planungs- und Bautätigkeit von Ahmed el Jazzar, Pascha des 18. Jahrhunderts zurückgeht. Nach ihm ist auch die prachtvolle Moschee aus dem Jahr 1781 benannt, die als die größte Israels gilt. Sie ist heute ein bedeutendes Kultzentrum der Mohammedaner Israels.

Aus dem Tagebuch von David Roberts:

23. April - Um sieben Uhr dreißig sind wir nach Saint-Jean-d'Acre aufgebrochen, das wir um drei Uhr nachmittags erblickten. Die Lage der Stadt ist eindrucksvoll - auf einem Vorgebirge im Norden der Bucht - während der Horizont im Süden vom Berg Karmel beherrscht wird.

Saint-Jean-d'Acre, Blick vom Festland

Abbildung 103

23. April 1839

Die Steine von Akko, die von einer jahrhundertealten zuweilen blutigen Geschichte zeugen - der Palast der Kreuzritter, ihre unterirdische Krypta, die arabischen Karawansereien - erzählen von Handel und Kämpfen, zahllosen Belagerungen und Zerstörungen, Wiederaufbau und reger Geschäftigkeit. Einst war man hier auf die Gewinnung und Verarbeitung von Purpur spezialisiert, spielte die Glasindustrie eine beachtliche Rolle.
Der römische Historiker Plinius behauptet sogar, die Technik der Glaswarenherstellung sei in dieser Stadt erfunden worden, die damals unter dem Namen "Colonia Claudia Felix" bekannt war.
Das Adjektiv "Felix" verweist auf ihre florierende Wirtschaft.
Akko, mehrfach in der Bibel und in Papyrusrollen der ägyptischen Pharaonen erwähnt, war immer schon ein wichtiger Pfeiler des Wirtschaftslebens der ganzen Region und überstand die schwierigsten Situationen. Roberts kam nach Akko zum Zeitpunkt einer schweren politischen und militärischen Krise. Diese Tafel zeugt von den Kriegswirren jener Zeit. Die Truppen des Paschas von Ägypten hatten die Stadt im Jahr 1832 erobert und dem türkischen Heer eine schwere Niederlage beigebracht. Dieses belagerte sieben Jahre später Syrien, wurde jedoch in Nisib abermals besiegt, ohne die Bucht von Akko zu erreichen. Die Stadt wurde also von einer starken ägyptischen Garnison besetzt, die der Künstler darstellte, während sie vor den Stadtmauern Heerübungen durchführte. Im darauffolgenden Jahr, nach einer abermaligen Weigerung Ägyptens, einem Kompromiß zuzustimmen, sollte England Akko von der Flotte aus bombardieren und nach Syrien ein Expeditionskorps entsenden.
Schon kurz darauf sahen sich die Ägypter gezwungen, die gesamte Region aufzugeben; im Gegenzug wurde ihnen dafür die völlige Unabhängigkeit vom osmanischen Reich zuerkannt.
Es sei darauf hingewiesen, daß in dieser Lithographie der Name der Stadt nicht korrekt wiedergegeben ist: St. Jaen statt St. Jean.

David Roberts 1839

Caiphas. looking towards Mount Carmel.

HAIFA

Abbildung 104

24. April 1839

Nachdem Roberts weitere Ansichten von Akko gezeichnet hatte, machte er sich in Richtung Karmelberg auf den Weg und ritt der Bucht entlang. Er durchquerte das Bett des Kischon, berühmt durch die Lieder von Debora und Barak, und kam im Hafen von Haifa an. Dort wurde ihm der Zutritt verwehrt, als er erklärte, aus dem Süden zu kommen. In der Umgebung von Jaffa war nämlich eine neue Pestepidemie ausgebrochen. Der Engländer verweilte jedoch lange genug, um von der Stadt eine Gesamtansicht zu erstellen, auf der er sich selbst beim Zeichnen in orientalischer Kleidung dargestellt hat. Die Stadt ist erstmals im 4. Jahrhundert v.Chr. bezeugt, war aber im Altertum und in arabischer Zeit von geringer Bedeutung. Erst nach der Eroberung durch die Kreuzfahrer entwickelte sie sich unter dem Namen Caiphas zu einem freien Hafen Palästinas. Im Jahre 1191 wurde sie von Saladin zerstört und war bis ins 18. Jahrhundert hinein, als mit dem vollständigen Wiederaufbau begonnen wurde, lediglich ein Dorf. Sein Hafen gewann im 19. Jahrhundert zunehmend an Bedeutung, und heute ist Haifa der wichtigste Hafen für Handel und Fremdenverkehr Israels. Hier fließen die Waren aus dem Tal Yizreel zusammen, das einst versumpft war und nun zur Kornkammer der ganzen Region geworden ist. Die städtische Besiedlung reicht von den Geschäftsvierteln im Hafen bis zu den Abhängen des Berges Karmel hinauf. Er ist mit prächtigen Gärten begrünt, von denen man einen Fernblick über die Bucht von Akko bis zu den Höhenzügen des Libanon genießen kann. Auf dem Kamm des Berges ist jenes auf der Darstellung gut zu sehende berühmte Kloster entstanden, von dem der bekannte Karmeliterorden vermutlich seinen Namen erhalten hat. Roberts wurde im Kloster freundlich aufgenommen.
Die Mönche zeigten ihm unter anderem die noch nicht fertiggestellte Kapelle, die über der Grotte errichtet wurde, in der Elias die Vision von der Jungfrau hatte. Nachdem Roberts mit den Gastgebern vortrefflich gespeist hatte, verließ er das Kloster bei Sonnenuntergang und schlug nach vierstündigem Ritt im Mondschein sein Zelt auf.

Aus dem Tagebuch von David Roberts:

24. April - Wir haben den Berg Karmel erklommen, wo wir von Mönchen herzlich empfangen wurden. Sie haben uns die noch nicht vollendete Kapelle gezeigt, die ihren Auskünften zufolge über der Höhle errichtet wurde, in der Elia die Vision von der Heiligen Jungfrau hatte. Der Baustil ist italienisch und sehr elegant. Wir haben eine Statue von Elia bewundert, der den Baal-Priestern einen Fußtritt versetzt, doch die Mönche waren besonders stolz auf eine Madonna mit Kind, die gerade aus Genua eingetroffen war. Wir sind auf den Glockenturm gestiegen, von wo aus man einen herrlichen Blick genießt...

Die Ruinen eines Jonischen Tempels

Abbildung 105

25.-26. April 1839

Anhaltende Regenfälle zwangen die Reisegruppe, fast den ganzen Tag des 25. April im Zelt zu verbringen. Nachdem sie eine kurze Strecke zurückgelegt hatten, beschloß Roberts in der Nähe eines römischen Brunnens das Lager aufzuschlagen. Am folgenden Tag zog die Karawane durch ein kleines Dorf namens Nakhura und folgte einer alten römischen Straße, die streckenweise noch gut erhalten war. Auf dem höchsten Punkt einer Erhebung angelangt, stieß der Engländer auf einen gewaltigen Erdbeben verwüstet wurde, die in dieser Gegend häufig vorkommen. Der Künstler bedauert, daß weder diese vortrefflichen Ruinen noch die Stadt, die wohl um den Tempel entstanden war, namentlich bekannt und schon seit langem der Vergessenheit anheim gefallen waren. Fragmente von Skulpturen und Gemäuerreste erstreckten sich über eine weitläufige Fläche, die unterdessen größtenteils mit Sanddünen und spärlicher Vegetation bedeckt war. Roberts vermutete, vor den letzten Überresten einer von Alexander

griechischen Tempel, dessen Fassade nach klassischem Vorbild etwa sechzig Meter hoch und doppelt so tief war. Säulenstümpfe und gut erhaltene ionische Kapitelle lagen zwischen dorischen Säulenresten verstreut umher. Dies war ein sicheres Zeichen dafür, daß der Ort von einem der d.Gr. gegründeten Stadt zu stehen. Auch das Umland mußte früher einmal intensiv bebaut worden sein. Nachdem die Reiter die Reste des Tempels hinter sich gelassen hatten, folgten sie erneut der Straße nach Tyrus und waren schon bald in Sichthöhe des Weißen Kaps.

Aus dem Tagebuch von David Roberts:

26. April - Auf einer Anhöhe sind wir auf die Ruinen eines weitläufigen griechischen Tempels gestoßen... Dieses Bauwerk muß etwa 400 Fuß lang und 200 Fuß breit gewesen sein, und es ist merkwürdig, daß es bislang keine Beachtung gefunden hat...

Das Weisse Kap

Abbildung 106

26. April 1839

In den ersten Stunden des Nachmittags begannen Roberts und seine Begleiter mit dem Aufstieg zum Weißen Kap. Der malerische Weg war in die schroffen Felswände des Weißen Kaps, auch als Ras-el-Abaid bekannt, gehauen. Am Horizont erblickten sie einen hellblauen Himmel, während sich über dem Vorgebirge mächtige Gewitterwolken zusammenbrauten. Vom Abgrund her vernahmen die Reisenden das laute Brausen der Wellen, die etwa hundert Meter unter ihnen gegen die Klippen schlugen. Den steilen Maultierpfad machten Abgründe und Erdrutsche noch gefährlicher, und eine niedrige Brüstung aus zum Teil gelockerten Steinen war der einzige Schutz vor dem Abgrund. Der Weg wand sich über Steine, die von den vielen Karawanen und zahlreichen Wagen, die darüber gerollt waren, abgenutzt schienen. In den weichen Kalkstein hatte sich sogar die Wagenspur in Form von zwei parallelen Rillen eingegraben. Das Vorgebirge war den Westwinden ausgesetzt und wurde voll vom Sturm erfaßt, der vom offenen Mittelmeer herübergezogen war und sich an der Klippe brach, wobei Wasserfontänen bis zum Pfad hinaufspritzten. Bei normaler Witterung gehört das Weiße Kap zu den schönsten Plätzen der libanesischen Küste. Gebannt erlebte Roberts dieses Schauspiel von sich explosionsartig entladenden Naturkräften. Er wollte es unbedingt in Form einer Skizze festhalten. Die Reisenden stiegen den nördlichen Hang des Weißen Kaps hinunter und erreichten schon bald die phönizische Ebene. Sie befanden sich in der Nähe der Salomo-Brunnen, die nicht nur den zahlreichen Maultieren dieser Gegend als Tränke dienten, sondern auch das Aquädukt des nahegelegenen Tyrus speisten.

David Roberts. R.A.

Tyrus, Ansicht von der Landenge

Abbildung 107

Nachdem die Reisenden die Brunnen des Salomo hinter sich gelassen hatten, erblickten sie das alte Tyrus. Je näher sie kamen, desto deutlicher zeichneten sich die Überreste der Phönikerstadt ab, vor allem wenn der Wind den Sand weggeblasen hatte. Von der einstigen glanzvollen Metropole standen nur noch ein paar Häuser, die Moschee machte einen so verfallenen Eindruck, daß Roberts glaubte, die alte Prophezeiung habe sich bewahrheitet. Ihr zufolge sollte sich die Moschee eines Tages in einen Felsen verwandeln, auf dem die Fischer ihre Netze zum Trocknen auslegen würden. Die Wohnhäuser waren jedoch in gutem Zustand und die Straßen recht gepflegt. Im Hafen lagen noch ein paar Boote, doch vom Glanz der Stadt, die einst Kolonien im ganzen Mittelmeerraum gegründet hatte, war nichts mehr übriggeblieben. Es gab nur noch einen bescheidenen Handel mit Tabak, Brennholz und Kohle. Die auf etwa dreitausend Menschen zurückgegangene Bevölkerung besiedelte den äußersten Teil des Vorgebirges, während die städtische Siedlung auf dem Festland völlig verlassen dalag. Die Trinkwasserversorgung war durch zwei Brunnen gesichert, die nahe am Meer lagen. Es wurde allerdings vermutet, daß sie über eine Leitung unter der Meerenge mit den Quellen von Ras-el-Ain verbunden waren, die sich eine Stunde entfernt in der Ebene befanden. Die einzigen Überreste der Küstenstadt lagen verborgen unter den Dünen oder waren in die Aufschüttung integriert worden, die Alexander d.Gr. während der Belagerung anlegen ließ und welche die Insel in eine Halbinsel verwandelt hatte. In der Darstellung von Roberts sind links der Hafen und ein Turm deutlich zu erkennen, der in der Nähe der beiden Brunnen stand. Auf der gegenüberliegenden Seite erheben sich die Reste der christlichen Kathedrale. Der Turm im Bildvordergrund war durch die Mauerreste mit der Insel verbunden und hatte möglicherweise zu einer sarazenischen Befestigungsanlage gehört.

Aus dem Tagebuch von David Roberts:

26. April - Wir haben uns den Quellen genähert, die Quellen des Salomo genannt werden. Ihr Wasser speist zahlreiche Mühlen und auch den Aquädukt von Tyros. Nach einem Ritt von einer weiteren Stunde der Küste entlang, lag uns das alte Tyrus gegenüber...

26. April 1839

DER HAFEN VON TYRUS

Abbildung 108

27. April 1839

Sprachwissenschaftlern zufolge bedeutet der moderne Name von Tyrus (Sur) im semitischen Dialekt, der von der einheimischen Bevölkerung phönizischen Ursprungs gesprochen wird, "Klippe". Heute steht der Ortsname für ein Fischerdorf im südlichen Libanon. Bis in die Zeit Alexander d.Gr. bestand das Vorgebirge, auf dem sich die heutige Stadt erhebt, noch aus zwei kleinen Inseln, die durch eine schmale Meerzunge vom Festland getrennt waren. Dann versandete sie mehr und mehr, bis eine Landenge entstanden war. Vor dem 10. Jahrhundert v.Chr. lag die eigentliche Stadt mit Hafen und Handelsvierteln auf der größeren Insel, während auf der kleinen südlich gelegenen Insel ein Tempel stand. Dieser war einer Gottheit geweiht, welche die Griechen mit dem olympischen Zeus verglichen. Hiram I., König von Tyrus, verband beide Inseln mit einer Art Zyklopenmauer. In den folgenden Jahrhunderten wurde das nördliche Becken durch eine mächtige Mauer geschützt, die parallel zur Küstenlinie der Insel verlief. Die gewaltigen Reste dieses Bollwerks, die noch heute aus dem Wasser ragen, sind auf Roberts' Darstellung deutlich zu erkennen. In diesem Zusammenhang vermerkte er, an den Mauerfundamenten große Pfeiler aus Marmor oder Stein entdeckt zu haben, die geordnet nebeneinander lagen. Auch die ungewöhnlichen Fundamente, die vermutlich mit Spolien errichtet wurden, stechen in der Mitte der Lithographie ins Auge.

David Roberts R.A.

Tsur. ancient Tyre. April 27th 1839.

Tyrus, Gesamtansicht

Abbildung 109

27. April 1839

Tyrus wurde um 2800 v.Chr. von den Phöniziern gegründet und stand lange Zeit unter der Oberhoheit der ägyptischen Pharaonen. Unter der Herrschaft von Ramses II. erlangte es seine Unabhängigkeit zurück und erlebte eine glanzvolle Blütezeit. In Tyrus gab es eine florierende Metallindustrie, Purpurstoffherstellung, Tuch- und Glasfabriken. Der Handel mit diesen Waren erstreckte sich über den ganzen Mittelmeerraum bis nach Spanien und Nordafrika, wo zahllose Kolonien gegründet wurden, die zum Teil sehr bedeutend wurden. Gegen Ende des 8. Jahrhunderts v. Chr. wurde Tyrus von den Assyrern besiegt. Die Erinnerung an die einstige Unabhängigkeit war aber innerhalb der Bevölkerung lebendig. Es kam wiederholt zu Aufständen, die aber allesamt niedergeschlagen wurden. Die Stadt fiel nochmals an Ägypten, dann an das Babylonische Königreich. Nach dem Fall Babyloniens eroberte der Perser Kyros im Jahr 538 Tyrus. Er zeigte sich jedoch großzügig und ließ der Stadt weitgehende Selbständigkeit, womit er zugleich Tyrus an sich band. Aus diesem Grund mußte Alexander d.Gr. die Stadt lange Zeit belagern, bis er sie einnehmen konnte. Nach dem Tod des Mazedoniers war die Stadt lange in den Händen der Lagiden und der Seleukiden. Im Jahr 64 v.Chr. kam die Stadt an die Römer, die den Status einer freien Stadt beibehielten, auch wenn die große Glanzzeit inzwischen der Vergangenheit angehörte. Im Jahr 335 war Tyrus Sitz einer christlichen Synode, und auf die byzantinische Herrschaft folgte die arabische. Die Kreuzfahrer belagerten und eroberten die Stadt 1124. Etwa hundert Jahre später wurde sie erneut von den Mohammedanern besetzt, die sie wegen ihrer strategischen Lage zerstörten. Obwohl Tyrus in den nachfolgenden Jahrhunderten zum Teil wiederaufgebaut wurde, erhielt es den Glanz alter Tage nie mehr zurück.

Sarepta

Abbildung 110

Die Reisegruppe verließ Tyrus und setzte um elf Uhr morgens ihren Weg der Küste entlang nach Norden fort. Einige Zeit später erschienen am Horizont die monumentalen Reste einer einst großen Stadt. Schon bald stellte sich heraus, daß es sich um das ehrwürdige Sarepta handelte. Die sowohl im Alten als auch im Neuen Testament genannte Stadt erlebte unter den Römern und unter der anschließenden arabischen Herrschaft wechselnde Blütezeiten. In der Kreuzfahrerzeit avancierte sie zur Bischofsstadt, die im 12. Jahrhundert Festungsanlagen und einen neuen Hafen erhielt. Infolge zahlreicher Sarazeneneinfälle wurde das Küstengebiet zunehmend aufgegeben; die Bevölkerung flüchtete sich ins Landesinnere auf einen Hügel, auf dem der Ort Surafend lag. Unweit der Siedlung nahe am Meer machte Roberts eine kleine Moschee aus, die an der Stelle der Wohnstätte errichtet worden war, wo der Prophet Elia Zuflucht gefunden und das Kind einer Witwe durch Gebet auferweckt hatte.
Die Landschaft im Umfeld des antiken Sarepta erscheint im Vergleich zu den vorangestellten Ansichten Südpalästinas deutlich verändert. Die Höhenzüge weisen ein markanteres Profil auf, und am Horizont zeichnet sich schon die Bergkette des Libanon ab.

Aus dem Tagebuch von David Roberts:

Nach unserem Aufbruch von Tyrus um elf Uhr morgens haben wir die Ruinen einer einst großen Stadt erblickt, die sich über die beiden malerischen Buchten erstreckt. Die sich hinter diesem Ort erhebenden Hügel sind durch Ausgrabungen ausgehöhlt.

27. April 1839

Ansicht von Sidon, in Richtung Libanon

Abbildung 111

27. April 1839

Unmittelbar hinter den Ruinen von Sarepta erschien Sidon am Horizont, doch die Nacht brach herein, bevor die Reisenden ihr Ziel erreicht hatten. Zu allem Übel wurden sie noch von Wachen angehalten, die nach ihren Gesundheitsattesten fragten, denn auch bis hierher war die Nachricht von der in Palästina ausgebrochenen Epidemie gelangt. Weder Roberts noch seine Begleiter verfügten über solche Dokumente. Roberts war sehr verärgert und teilte den Männern der Garnison mit, er besitze allerdings einen Passierschein, den ihm der Pascha Mohammed Alì persönlich ausgehändigt habe. Und er fügte drohend hinzu: Lasse man ihn nicht passieren, habe dies Folgen, denn er werde den Gouverneur von Sidon davon unterrichten. Seine Worte hatten den gewünschten Erfolg; die Soldaten versorgten sie mit neuen Pferden, gaben ihnen eine Begleitperson mit, die sie an einen Ort an der Küste im Süden der Stadt führen sollte. Als sie dort erschöpft ankamen, wurden sie von einem Sturm überrascht, der es ihnen kaum gestattete, ihre Zelte aufzuschlagen. Die nebenstehende Darstellung weist auf diesen Zwischenfall nicht ausdrücklich hin. Von den vier Tafeln, die Sidon darstellen, gibt sie am besten Roberts' Eindruck von der Stadt wieder: Das Gebirge des Libanon im Hintergrund und die sich zum Mittelmeer weit öffnende Bucht.

Sidon, Ansicht von Süden

Abbildung 112

28. April 1839

Die Wache, die im Lager am Strand übernachtet hatte, begleitete den Engländer und seine Gefährten am Morgen des 28. April in die Stadt. Sie ritt voran und forderte die Passanten auf, ihnen Platz zu machen und wies gleichzeitig darauf hin, daß sich seine Schützlinge in Quarantäne befänden. Roberts schrieb in sein Reisetagebuch, daß Sidon herrlich auf einem ins Meer ragenden Felsvorsprung dalag mit einem Hafen in geschützter Lage. Das Hinterland war fruchtbar und als Ackerland genutzt. Wie überall in Syrien gab es eine Fülle von Olivenhainen. Orangenplantagen und Weinberge wechselten sich mit Feigenbäumen und Granatapfelbäumen ab; lange Maulbeerbaumreihen deuteten darauf hin, daß die Seidenraupenzucht florierte.
Die Stadt selbst machte einen recht wohlhabenden Eindruck mit ihren gepflegten soliden Häusern; die Straßen wirkten großzügig, die Menschen gut gekleidet und bester Gesundheit. Roberts machte sogar mehrere Granitsäulen aus, die auf der Erde lagen, sowie die Reste eines Fußbodenmosaiks. Der kleine Bau im Vordergrund der Darstellung wurde sowohl von den Juden als auch von den Mohammedanern und Christen als Grab des Sebulon verehrt, einer von zwölf Söhnen des Jakob, der zugleich als Begründer einer der Stämme Israels gilt.

David Roberts R.A.

Die Zitadelle von Sidon

Abbildung 113

28. April 1839

Trotz der widrigen Umstände war Roberts fest entschlossen, einige Skizzen von der Stadt anzufertigen. Die Zitadelle erschien ihm als eines der interessantesten Motive, handelte es sich doch um ein im Meer gelegenes mächtiges Bauwerk, das nur wenige Meter vom Ufer entfernt und mit dem Festland lediglich über eine gemauerte Brücke verbunden war. Während heute fast nichts mehr davon zu sehen ist, traf Roberts noch auf eine gut erhaltene Anlage.
Die Gründung der Burg geht sehr wahrscheinlich auf Ludwig den Heiligen von Frankreich zurück, auch wenn in der Lithographie einige typische Stilelemente islamischer Architektur erkennbar sind, wie z.B. die niedrige Kuppel in der Mitte der Darstellung und der gotische Bogen auf der rechten Seite. Ein geschützter Hafen wie der von Sidon sicherte regen Warenaustausch und Wohlstand, vor allem angesichts einer Küste, die nur wenige Anlegemöglichkeiten bot und wo oft heimtückische, zuweilen orkanartige Winde tobten. Die Kontrolle über den Hafen war also von großer strategischer Bedeutung und mußte durch entsprechende militärische Bauten gesichert werden. So machten sich die Moslems auch gleich nach der Eroberung der Stadt an den Wiederaufbau der Kreuzfahrerzitadelle, die sie zu einem Bollwerk umgestalteten.

Aus dem Tagebuch von David Roberts:

28. April, Sonntag - Von der alten Festung habe ich ein paar Skizzen angefertigt; sie ist über eine Brücke, die auf mehreren Bogen ruht, mit dem Festland verbunden. Die Häuser von Sidon sind stattlich und geräumig; allerdings habe ich nur wenige antike Bauten entdeckt …

Sidon

Abbildung 114

28. April 1839

Der Name Sidon erscheint zum erstenmal in ägyptischen Quellen aus dem 13. Jahrhundert v.Chr. Wie die anderen Phönikerstädte wurde es von einem König regiert und betrieb eine geschickte Politik während der Kämpfe zwischen Ägypten, Babylonien und dem Hethiterreich. So gelang der Ausbau von Handelsbeziehungen zwischen dem Nahen Osten und den Küsten des Mittelmeerraums. Nachdem Sidon Ninive unterstellt worden war, wurde es in den Kampf gegen die Assyrer verwickelt und von diesen im Jahr 675 v.Chr. zerstört. Die Stadt fand anschließend zu neuem Glanz: Sie kam zunächst unter ägyptische Herrschaft, fiel dann an die Babylonier und schließlich in die Hände der Perser. Von diesen wurde sie völlig zerstört und wiederaufgebaut; im Jahr 332 v.Chr. ergab sie sich freiwillig Alexander d.Gr., und nach dem vorzeitigen Tod des Mazedoniers fiel sie zunächst an die Lagiden und dann an die Seleukiden. Im Jahr 64 v.Chr. kam sie schließlich unter römische Herrschaft. Im Altertum war Sidon eine Stadt intensiven Handels und industrieller Produktion: Ihre Kaufleute und Geschäftsleute erreichten mit ihren Schiffen jeden Winkel des Mittelmeeres. Die Handelswege führten durch die Meerenge von Gibraltar, der Atlantikküste entlang bis nach Britannien und auch bis zu den afrikanischen Küsten. Aus der frühen Glanzzeit der Phönikerstadt sind auch Münzen des 5. und 6. Jahrhunderts v.Chr. erhalten, auf denen geschrieben steht: "Sidon, Mutter von Karthagos, Hippo, Kyzikos, Tyrus". Die Einwohner von Sidon sollen auch das phönizische Alphabet erfunden haben, das an die Stelle der vielen hundert Zeichen ägyptischer und altorientalischer Schriftsysteme trat. In den ersten Jahrhunderten des Christentums wurde Sidon Bischofssitz. Der erste Name eines Bischofs, der in einem offiziellen Dokument genannt wird, lautet Theodor, der 325 am Konzil von Nikaia teilgenommen hatte. Zur Zeit der Kreuzzüge ließen die Kreuzfahrer Sidon zunächst links liegen, aber seine strategische Lage machte eine Einnahme der Stadt unerläßlich. Nach mehreren Belagerungen durch Balduin, den neuen König von Jerusalem, fiel die Stadt schließlich im Jahr 1111. Unter Saladin gewann der Islam Sidon zurück; die Herren der Stadt wechselten allerdings mehrere Male, wobei es zu blutigen Gemetzeln kam. Nach der endgültigen Rückeroberung durch die Moslems erlebte die Stadt im 17. Jahrhundert eine neue Glanzzeit dank des unermüdlichen Wirkens des Drusenemirs Fakhr-ed-Din, der die Stadt mit prunkvollen Palästen ausschmückte. Mit dem Aufstieg des Hafens von Beirut ging ein rascher Niedergang Sidons einher. Dennoch bewahrt sich Sidon einen gewissen Wohlstand und präsentierte sich, was Roberts zu würdigen wußte, als eine selbstbewußte Stadt mit großer Tradition.

Ankunft in Baalbek

Abbildung 115

Am Tag seiner Ankunft in Sidon, wo sich eine Besichtigung wegen der bereits erwähnten Probleme als schwierig erwies, machte sich Roberts, nachdem er in Eile eine Mahlzeit eingenommen und sich erfrischt hatte, nach dem sagenumwobenen Baalbek auf. Zunächst führte der Weg die Reisenden ein gutes Stück der Küste entlang, bevor sie einen Ausläufer der Berge des Libanon erklommen und dann am obersten Punkt ihr Lager aufschlugen. Am folgenden Tag durchquerten sie unter Mühen den gebirgigen Küstenstreifen. Das Naturschauspiel, das sich ihnen darbot, war jedoch von solcher Schönheit, daß die Strapazen fast vergessen waren. Die Fernstraße der Römer durchquerte das Gebiet der Drusen, Angehörige einer islamischen Sekte. An jenem Abend vertraute der Engländer seinem Tagebuch an, ihre Lebensmittelversorgung sei kritisch, da man in Sidon keine Vorräte hatte besorgen können: Tee, Wein und Spirituosen waren unterdessen aufgebraucht, es gab noch einen kleinen Rest Kaffee, keinen Zucker und auch kein Brennöl mehr. Das einzige Vergnügen, das Roberts verblieben war, bestand darin, vor dem Schlafengehen eine Pfeife zu rauchen. Am Vormittag des 30. April befand sich die Gruppe im Siedlungsgebiet der Maroniten. Dabei handelt es sich um eine einheimische Christengemeinschaft, die über Jahrhunderte hinweg ihre Unabhängigkeit bewahrt hatte: Die üppigen Felder waren sorgsam bestellt, die Leute gesund und munter. Die ersten Sonnenstrahlen überraschten die Reisenden, die sich inmitten der Berge des Libanon und jenen des Anti-Libanon in einer idyllischen grünen Landschaft befanden. Gegen Mittag hatten sie eine Bergstadt namens Ab Elias erreicht und am Nachmittag den Hauptort der Region. In Zahleh wurde Roberts, als er gerade Besorgungen machte, davon unterrichtet, daß in Baalbek zur Zeit ein Aufstand im Gange war. Roberts bat den Scheich der Stadt um eine Audienz und zeigte ihm den Passierschein.
Der Scheich erklärte ihm, die Rebellion werde sich nicht ausweiten und deren Ende augenblicklich erwartet. Dem Gast stellte er drei Wachen und Hilfspersonal zur Verfügung.

Am 2. Mai lag endlich Baalbek vor Roberts' Augen. Bei strömendem Regen ließ er das Lager aufschlagen. Die ganze Nacht über gab es Gewitter, die fast das Zelt weggerissen hätten. Am folgenden Tag hatte der Künstler Fieber und mußte den ganzen 3. Mai im Bett verbringen.

29. April - 3. Mai 1839

Baalbek, das alte Heliopolis

Abbildung 116

4.-5. Mai 1839

Die Ursprünge und die Anfänge der Geschichte Baalbeks liegen weitgehend im dunkeln. Sicher ist lediglich, daß sein Name mit dem Gott Baal verknüpft ist und übersetzt "die Stadt Baals" bedeutet.
Der ursprüngliche Kult dieser syrischen Stadt scheint jedoch der von Hadad gewesen zu sein, der in hellenistischer Zeit mit der Sonne und mit Zeus in Verbindung gebracht wird. Seither wurde die Stadt Heliopolis genannt: Beim Kult des Jupiter Heliopolitanus, der erstmals in römischer Zeit bezeugt ist, soll es sich jedoch um die Übertragung eines sehr viel älteren religiösen Brauchtums handeln. Heliopolis wird vom Historiker Flavius Josephus im Zusammenhang mit dem Feldzug des Pompeius im Jahr 64 v.Chr. und von Strabone erwähnt. Zu Beginn des 1. Jahrhunderts n.Chr., vermutlich unter Augustus, wurde sie römische Kolonie und Militärstützpunkt und erhielt den Namen Iulia Augusta Felix Heliopolitana. Ihre religiöse Bedeutung wurde von den Römern respektiert und auch im Rahmen ihrer Politik gefördert. Aufgrund seiner Lage war Baalbek kein wichtiges Handelszentrum und auch nicht an die wichtigen Fernstraßen angebunden.
Der Ruhm des Heiligtums des Jupiter Heliopolitanus wird im übrigen daran deutlich, daß sich der Kult in verschiedenen Regionen des Reiches verbreitete: Selbst Traian soll vor dem Feldzug gegen die Parther im Jahr 115 das Orakel befragt haben.
Die Bedeutung der Stadt war bis in die erste Hälfte des 3. Jahrhunderts beachtlich, was auch zahlreiche Inschriften und Münzen bezeugen. Konstantin und Theodosius ließen die Tempel in christliche Kirchen verwandeln; die Stadt wurde später Bischofssitz.
Nach der Invasion der Araber im Jahr 634, der Zeit der Kreuzfahrer, welche die Tempel zu Festungen ausbauten, der Eroberung durch Saladin und der Plünderung durch Tamerlan, verwandelten Erdbeben in den Jahren 1664 und 1750 die Stadt in einen Trümmerhaufen.
Den ersten Hinweis auf die Ruinen von Baalbek verdanken wir Martin Baumgarten, der den Ort 1508 aufsuchte, aber erst zu Beginn des 19. Jahrhunderts reisten Literaten und Gelehrte in diese heilige Stadt des Altertums.
Im Jahr 1870 wurden die ersten Instandsetzungsarbeiten durchgeführt, die nach dem Besuch von Kaiser Wilhelm II. noch intensiver betrieben wurden.
Wieland leitete ein umfassendes Forschungsunternehmen und publizierte erste Ergebnisse.
Die archäologischen Untersuchungen wurden dann von der Ecole française fortgesetzt. Die Stadt liegt heute in einem fruchtbaren Tal am Fuße des Anti-Libanon und erstreckt sich über einen Teil der ursprünglichen Stadt.

Aus dem Tagebuch von David Roberts:

4. Mai - Ich habe mit der Erforschung des Tempels begonnen... Die korinthischen Kapitelle haben vollkommene Proportionen und sind wie der Schmuck des Frieses und des Kranzgesimses so vollkommen ausgeführt, daß ich glaube, sie sind erst nach ihrer Anbringung am Bauwerk in den Stein gemeißelt worden...

Das herrliche Portal ist beeindruckend, besteht aus mächtigen Blöcken und ist mit geschmackvollen Reliefs verziert … Nach einigen Spuren von Haken zu urteilen, hat man den Eingang vermutlich mit einem Zelt oder einem Vorhang verschlossen wie in jüdischen Tempeln und in einigen spanischen Kirchen von heute…

Das Heiligtum von Baalbek

Abbildung 117

4.-5. Mai 1839

Über den östlichen Teil der Stadt erstreckte sich weitgehend das gewaltige Heliopolitanische Heiligtum der Dreifaltigkeit. Die Ruinen gehören zu den wichtigsten überkommenen Zeugnissen antiker Baukunst. Wegen seiner gewaltigen Ausmaße beherrschte es das Stadtbild und obwohl in der Ebene errichtet, wurde es nur von der nahegelegenen Akropolis überragt. Der Haupttempel, der Jupiter-Hadad geweiht ist, bestand aus vier Baugliedern, die entlang einer Achse von Ost nach West angeordnet waren. Die Propyläen, ein großzügiger Säulengang an der Vorderseite, setzten sich aus zwölf Säulen zusammen und führten in einen geräumigen sechseckigen Eingangshof von sechzig Metern Breite, der von Säulen umgeben ist. Dieser Raum, dessen Wände mit Nischen verziert waren, diente als Durchgang vom großen Vorhof zum eigentlichen Tempel.
Der hundertfünfunddreißig Meter lange und hundertdreizehn Meter breite Vorhof des Tempels war an drei Seiten von Säulenvorbauten und Exedrae begrenzt, deren monolithische Säulen aus rosafarbenem Granit heute in der Moschee von Baalbek zu bewundern sind. In der Mitte des Hofes stand ein mächtiger vierstöckiger Altar in Form eines Turmes, dessen Plattform über eine Innentreppe erreichbar war.
Der neunzig Meter lange und vierundfünfzig Meter breite Tempel des korinthischen Peripteraltyps mit zehn Säulen an den kurzen Seiten und mit neunzehn Säulen an den langen Seiten erhob sich auf einem gigantischen Sockel von vierzehn Meter Höhe. Von diesem prunkvollen Bauwerk sind in situ, sechs etwa achtundzwanzig Meter hohe Säulen der Südseite sowie zahlreiche Sockel der übrigen Säulen erhalten. Rings um den Tempel ruhen die gewaltigen Trümmer der Cella, Säulenstümpfe und Fragmente des Gebälks.
Der Bau des Heiligtums muß sich über mehrere Jahrhunderte hingezogen haben: Früher nahm man an, er sei von Antonius Pius errichtet worden, aber es konnte nachgewiesen werden, daß die große Terrasse des Tempels aus dem beginnenden 1. Jahrhundert n.Chr. stammt und der Tempel selbst etwa auf das Jahr 60 zu datieren ist. Die Propyläen stammen dagegen aus der Zeit des Septimus Severus und der sechseckige Tempelhof aus der Mitte des 3. Jahrhunderts n.Chr.

Baalbec.

Der Venustempel

Abbildung 118

5. Mai 1839

*Die Darstellung gibt eines der Bauwunder der antiken Welt wieder, den Rundtempel der Venus.
Am Dekumanus der Stadt unweit des großen Jupitertempels gelegen, präsentiert er sich als kleines rundes Gebäude mit sechs unkannelierten korinthischen Säulen, die auf einem hohen Sockel stehen und über ein aus fünf Innenbögen bestehendes Kranzgesims mit der Cella verbunden sind. Vor der Cella, die innen einen Durchmesser von knapp neun Metern hat, befindet sich eine viersäulige Vorhalle und eine Treppe mit zwanzig Stufen.
Die Außenmauer der Cella ist mit vier Nischen verziert, während im Innern eine doppelte Anzahl von Nischen sich gegenüberstand.
Der außergewöhnlich elegante Bau war vermutlich von einer kleinen Kuppel überwölbt. Auch dieser Tempel, Tyche oder Venus-Atargatis geweiht, war reich mit Hochrelieffriesen und Statuen verziert, von denen nur die Fundamente der Nischen geblieben sind. Die Darstellung trägt das Datum vom 5. Mai. An jenem Tag erlebte Roberts einen merkwürdigen Zwischenfall mit ungewissem Ausgang: Früh am Morgen teilte ihm ein Diener mit, daß die Maultiere der Karawane beschlagnahmt worden waren, um die Truppen mit Getreide beliefern zu können. Der Engländer begab sich unverzüglich zur Residenz des lokalen Gouverneurs. Dieser saß auf seinem Sofa, um den der prächtigste und malerischste Hofstaat versammelt war, den er je gesehen hatte. Keiner der Anwesenden - und ins Auge stachen besonders zwei Beduinen wegen ihrer prächtigen Gewänder - trug dieselbe Kleidung, während Grüppchen von Offiziersdienern sich hier und da nützlich machten. Allseits herumliegende Gegenstände und kostbare Kleidungsstücke vervollständigten das farbige Bild. Der Engländer durfte zur Linken des Hausherrn Platz nehmen, und erst nachdem ihm Kaffee gereicht worden war, konnte er seinen Passierschein vorzeigen. Zu seiner großen Überraschung konnte niemand das in türkischer Schrift verfaßte Dokument lesen. Die Unterschrift von Pascha Abbas wurde allerdings wiedererkannt und der Gouverneur entschuldigte sich für das Mißverständnis. Er gab Anweisung, die Tiere sofort dem rechtmäßigen Besitzer zurückzugeben. Roberts brachte daraufhin sein Anliegen vor, Damaskus zu besichtigen, das knapp zwei Reisetage entfernt war. Der hohe Beamte bot ihm zum Zeichen der Gastfreundschaft die Begleitung eines Soldaten an und übergab ihm ein Empfehlungsschreiben für den Gouverneur dieser Stadt.*

David Roberts R.A.

Die Ruinen des Bacchus-Tempels

Abbildung 119

Südlich vom Jupitertempel steht in der gleichen Flucht der besser erhaltene Kleine Tempel, auch Bacchus-Tempel genannt. Der eher langgestreckte Periperaltempel verfügt über acht Säulen an den Anteseiten und fünfzehn an den längeren Seiten. Der Sockel, auf dem sich der Tempel erhebt, ist knapp fünf Meter hoch. Vorgelagert ist eine Treppe mit vierunddreißig Stufen. Die etwa achtzehn Meter hohe Cella besitzt elegant geformte korinthische Halbsäulen, zwischen denen in zwei Reihen Nischen verlaufen. Der Schmuck, besonders üppig an Tor und Gebälk, erinnert an die Stilelemente im Hof des Großen Heiligtums. Der trotz der zahlreichen Einstürze noch imposante Bau wird etwa auf die Mitte des 2. Jahrhunderts v.Chr. datiert. Wegen der Reliefdarstellungen, die zahlreiche Rebmotive enthalten, wurde er Bacchus zugeordnet. Vermutlich war aber dieser Tempel der heliopolitanischen Dreifaltigkeit geweiht, genaugesagt Merkur, die römische Personifizierung der lokalen Gottheit Shamin.
Der größere Tempel soll dem offiziellen Kult geweiht, der kleinere den Mysterien gedient haben. Roberts war vom Anblick der monumentalen Ruinen Baalbeks zutiefst beeindruckt und konnte seine Eindrücke nicht in Worte fassen. Auch wenn er sich fiebrig fühlte, war er von der Schönheit der Tempel, dem prunkvollen Schmuck der Friese, den Proportionen der Innenräume fasziniert. Er verweilte vier Tage

inmitten der Ruinen, zeichnete pausenlos und schrieb Maße und Größenverhältnisse in sein Notizbuch. Diese Lithographie vermittelt vor allem eine Vorstellung von der Monumentalität des Bacchus-Tempels. Die Ansicht des östlichen Portikus verdeutlicht insbesondere die feine Ausgestaltung der korinthischen Kapitelle und der Kranzgesimse.

6.-7. Mai 1839

Das Portal des Bacchus-Tempels

Abbildung 120

8. Mai 1839

Während seines Aufenthalts in Baalbek interessierte sich der Künstler Roberts vor allem für das große Portal des Bacchus-Tempels.
Der Engländer war nicht nur von der erstklassigen Qualität der Friese beeindruckt, sondern auch von den gewaltigen Dimensionen des Bauwerks, die durch die Tatsache, daß der Tempel teilweise verschüttet war, noch eindrucksvoller erschienen.
Auch wenn der Architrav infolge eines Erdbebens stark beschädigt war und das Mittelstück einen instabilen Eindruck machte, waren die eleganten Proportionen des gesamten Bauwerks in seinen Augen von unbeschreiblicher Schönheit. Rankenwerk und Blätter des Akanthus waren ineinanderverschränkt und von vortrefflichem Geschmack. Sie wirkten leicht und bildeten somit einen Kontrast zum majestätischen Adler mit ausgestreckten Flügeln, der in die Unterseite des Architravs gemeißelt war. Roberts hatte sich vorgenommen, mindestens sieben Zeichnungen von den Ruinen Baalbeks anzufertigen. Der Künstler verdankt seine Aufnahme in die Royal Academy einem Ölgemälde, das er nach seiner Rückkehr nach London auf der Grundlage einer Skizze vom großen Portal geschaffen hatte. Der Aufenthalt in Baalbek wurde leider von steigendem Fieber überschattet, das Roberts zwang, auf seine Reise nach Damaskus und Palmyra zu verzichten und stattdessen nach Beirut aufzubrechen. Am Morgen des 8. Mai machte sich Roberts auf den Weg und durchquerte erneut die Berge des Libanon. Zwei Tage später lag die Hafenstadt vor ihm. In Beirut traf er auf John Kinnear und ein paar andere Freunde, mit denen er sich angeregt unterhielt, und er berichtete ihnen von seinen jüngsten Abenteuern. Am 13. April schiffte er sich nach Alexandria ein, wo er nach drei Tagen eintraf. Von dort führte ihn die Reise weiter nach Malta. Hier mußte er drei Wochen lang in Quarantäne verbringen. Nach einer fünftägigen Reise an Bord des Dampfers "Volcano" gelangte er nach Gibraltar. In Cadiz war er eine Woche beim Konsul, einem alten Freund, zu Gast und verbrachte dann noch ein paar Tage in Lissabon, bevor David Roberts am 21. Juli zum erstenmal seit elf Monaten wieder Londoner Boden betrat.

Die in diesem Band wiedergegebenen Fotographien stammen von Antonio Attini.

Mit Ausnahme der folgenden:
Marcello Bertinetti:
Seite 23, 42, 48, 63, 128, 130, 147, 163, 177, 178, 256.

Duba:
Seite 32, 40, 142.

Claudio Concina:
Seite 44, 52, 55, 60.

Cesare Gerolimetto:
Seite 230, 233.

Shai Ginott:
Seite 144.

Gadi Kabalo:
Seite 107

Meir Ragwan:
Seite 209.

J. Sahar:
Seiten 103, 229.

Alberto Siliotti:
Seiten 35, 37, 38, 46, 51, 57.

Porträt:
National Portrait Gallery, Edinburgh

Die in diesem Band reproduzierten Lithographien sind im Besitz von Prints and Photographs Division, Library of Congress, mit Ausnahme der Lithographie, die auf Seite 13, 26, 27, 120 und 194 wiedergegeben ist: Sie wurde vom John Hay Library, Brown University zur Verfügung gestellt.